투자를 넘어 일상에 가치를 더하는

아트 컬렉팅

루트 폴라이트 리허르트 지음 | 황건중 옮김

투자를 넘어 **일상**에 **가치**를 더하는

아트 컬렉팅

ART

COLLECTING

브레드&

일러두기
작가와 출판사는 이 책에 소개된 투자 추천에 책임을 지지 않습니
다. 저자는 이 책에 소개된 몇몇 작가들과 프로젝트별로 협업하며,
로만 크로이슬(www.artvaluation.io)을 제외한 기업 및 전문가들과는 협
업 관계가 없습니다. 이 출판물에 포함된 웹사이트 링크는 초판 출
간 시점에 참조했음을 밝힙니다.

이 책을 여러분
그리고 미술로 삶을 아름답고 풍요롭게 하려는
모든 이에게 바칩니다.

차례

4장 투자대상으로서의 미술품

5장 실제 미술품 구매에 앞서

6장 부록

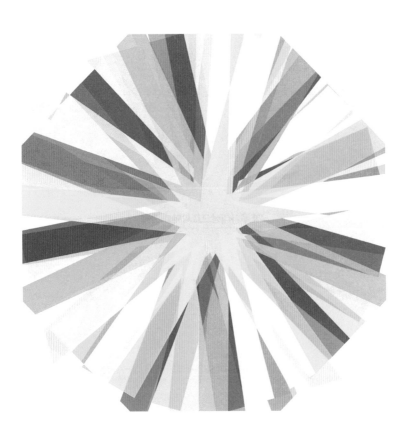

베른하르트 아담스Bernhard Adams, 〈아담스.스타Adams.Star#2〉(2022), 부분
NFT, 파스벤더 컬렉션Faßbender Collection.
세계에서 처음으로 교회 유리창을 위해 만들어진 3개의 NFT 중 하나.
www.evangelische-kirche-koenigstein.de

정상normality이란 포장된 도로와 같다.

걷기는 편하지만 그 위에는 꽃이 자라지 않는다.

_빈센트 빈 고흐Vincent van Gogh

서문

"미술품에 관심이 있긴 하지만 구입에는 자신이 없습니다. 잘 몰라서 요." 이런 대화를 나누는 상황이 익숙하신가요? 여러분도 비슷한 경험을 하셨나요?

미술품을 구매할지를 놓고 많은 사람이 망설이는 건 당연합니다. 미술품 시장이 보고 만져보고 비교하고 구입하는 다른 시장과는 다르게 작동한다는 것을 본능적으로 느끼기 때문입니다. 저도 다르지 않았습니다.

모든 것의 시작과 그 이유

제가 자란 작은 마을에는 갤러리나 미술관이 없었습니다. 부모님은 저에게 많이 읽으라고 늘 말씀하셨지요. 그러다 보니 언젠가 동네 도서관에서 바실리 칸딘스키^{Wassily Kandinsky}에 대한 책 한 권이 제 손에 들어왔습니다. 저는 그 색채의 황홀함에 사로잡혔고 이후에도 계속 미술에 관심을 갖게 되었습니다. 그 후 저는 독일과 영국에서 미술사를 공부했습니다. 독일에서의 공부는 이론에 많이 치우쳐서 미술시장이 어떻게 작동하는지는 잘 알 수가 없었습니다.

저는 이 시장을 폭넓게 이해하고 싶어서 미술관, 경매회사, 갤러리, 상업전시회뿐만 아니라 금융권 및 컨설팅 분야에서도 일했습니다.

미술시장과 아트마케팅은 처음부터 아주 흥미로웠습니다. 어떤 작가가 성공했는가? 왜 성공했는가? 가격은 어떻게 형성되는가? 마케팅과 가격은 어떤 연관이 있는가?⋯ 저는 그에 대해 박사 학위논문을 쓰게 되었습니다.

민간경제 부문에서 일하는 동안 종종 동료들이 저에게 조언을 구했습니다. 미술품을 사고는 싶은데 어디서 무엇을 사야 할지 모르겠다는 이야기였습니다. 그들은 갤러리 베르니사주^{Vernissage}(공식 오픈 전 초대 행사)를 불편하게 느끼거나, 갤러리를 방문할 엄두를 내지 못했습니다. 저는 다양한 가격대의 작품, 특히 고가의 저명한 작품들에 대해 객관적 가격을 평가해달라는 요청을 자주 받았습니다. 매겨진 가격이 너무 높은 적이 많았으며, 지인이 과도한 금액을 지불하지 않도록 말려야할 때도 있었습니다. 그래서 독일에서는 많은 사람이 미술시장을 잘 모르고, 그로 인해 구매를 망설이거나 잘 모르는 채로 덜컥 사버린다는 것을 알게 되었습니다. 이런 것들이 저를 화나게 하기도 했지만, 동시에 편파적이지 않은 아트컨설팅을 해야겠다는 동기를 일으켜주었습니다. 영국, 미국과 아시아에서는 사람들이 미술품을 독일보다는 덜 학구적으로, 더 편안하게 마주합니다. 게다가 그곳에서 미술품은 빈번히 확고한 투자대상으로서 균형 잡힌 포트폴리오의 일부를 이룹니다. 그러나 독일에서는 예술품과 돈을 같은 반열에 두고 얘기하지는 않습니다.

미술품 구매를 망설이는 또 다른 이유는 세계 미술시장의 투명성 부족입니다. 이는 우연이 아니고, 이후 자세히 설명하겠지만 시장이 의도적으로 조정되기 때문입니다.

좋은 미술품이라고 해서 반드시 비싸야 하는 것은 아니며, 구매에 관심이 있는 사람이라면 누구든 접근할 수 있음을 설명해야겠다는 욕구가 제 내면에서 자라기 시작했습니다.

이 책을 통해 여러분이 경험할 수 있는 것

학업을 마치자 저는 미술의 역사라든가 작품의 의미 등에 대해 많은 것을 알게 되었지만, 어떻게 미술품을 현명하게 구입할 수 있는지는 아직 전혀 알 수 없었습니다. 그래서 저는 수년간 어떤 기준이 품질을 결정하는지, 무엇보다도 어떤 요소가 미술품의 시장가격을 결정하는지를 관찰했습니다. 간단히 말하자면 질문은 이것이었습니다. '미술품을 구매할 때 정말 중요한 것은 무엇인가?'

그래서 미술시장에 관심 있는 개개인이 접근할 수 있도록 돕고, 누구든 미술품을 현명하게 살 수 있도록 전략적 방안을 도출해내는 데 집중하게 되었습니다. 그것은 긴 여정이었습니다. 작가들, 미술품에 관심을 가진 사람들, 컬렉터들, 미술관 큐레이터들, 갤러리스트들, 경매 관계자들 및 저널리스트들과 수많은 인터뷰를 했습니다.

그 모든 결과와 경험이 제게 자신감을 북돋워준 덕분에 수년 만에 성공적인 미술품 구매 전략을 만들어낼 수 있었습니다. 이른바 RPR ART® 기법이라는 전략입니다.

저의 입증된 접근방법은 선별된 기준에 따른 미술품 품질 및 미술사적 분류에 대한 전문적 판단과, 시장과 가격변동에 대한 지식에 근거합니다. 저는 현대미술contemporary art과 그 시장에 집중하지만―개인적인 주요 관심 분야입니다―이 전략은 미술시장의 여타 분야에도 적용 가능합니다.

당연히 여러분은 미술품이 투자대상으로 적합한지 알고 싶을 겁니다. 작금의 인플레이션 시대에 이 질문은 빈번해지지만, 그 대답은 한마디로 단정할 수 없습니다. 투자대상으로 적합한 미술품이 분명히 있습니다. 하지만 시장의 스펙트럼은 넓습니다. 물가상승률을 넘어서는 가치상승을 기대하게 하는 작품이 있는 반면, 그렇게 할 수 없는 작품도 있습니다.

여러분은 이 모든 것을 미술품 구매 전에 알고 있어야 하며 구매의 목적도 사전 설정되어야 합니다.

저는 금융전문가가 많은 집안에서 자랐고, 미술시장뿐만 아니라 금융계에서도 일했습니다. 그런 경험을 살려 '투자대상으로서의 미술품'이라는 테마를 제 핵심역량으로 만들었습니다. 이 책에서 제가 투자 레전드 워런 버핏Warren E.Buffett(1930~)의 가치투자에 대한 기본 고려사항을 설명하는 이유는, 어떻게 이것을 미술품 투자에도 적용할 수 있을지 알려드리기 위해서입니다. 거기에 더하여, 신진작가 작품뿐만 아니라 세계적으로 알려진 대가의 작품을 구매할 때 유용한 방법에 대한 도움말도 드리겠습니다. 그렇지만 미술품 구매에 꼭 돈만 연관되는 것은 아닙니다. 미술품을 구입하고 싶다거나 미술품에 투자하고 싶다면, 그것은 순전히 이성적인 결정이 아니고 감성적인 결정일 수도 있습니다. 왜냐하면 미술품은 주식이나 무기명 회사채, 연기금 펀드와 달리 감성과 영혼을 자극하기 때문입니다. 미술품은 영감을 줄 수 있고 행복에 기여할 수 있습니다.

그래서 그림이나 다른 미술품 구입을 고려하기 전에 무엇보다 먼저 자신의 취향을 확실히 믿고, 그다음 올바른 기준에 따라 적합한 작품을 찾아볼 것을 권합니다. 그렇게 골라야 미술품이 여러분의 정신, 마음, 그리고 예산 등에 전체적으로 적합하며, 또한 그래야만 장기적으로 여러분에게 기쁨을 줄 것입니다.

제가 여러분을 위해 이루고 싶은 것

여러분이 삶을 더 풍요롭게 하는 미술품을 찾고, 이 책에 서술된 저의 독창적 평가방식이 포함된 지식을 통해 미술시장에 쉽게 진입할 수 있게 지원하는 것이 저에게는 중요합니다.

여러분은 이 책을 읽은 후 작품의 품질이 좋은지, 가격이 적정한지를 판별할 수 있어야 하며, 이를 바탕으로 오랜 시간이 지난 후에도 만족하고 행복할 확실한 구매 결정을 내릴 수 있어야 합니다. 그것이 저의 목표입니다. 이 책을 읽고 나서 여러분이 미술이 있는 삶을 살 준비를 마치고 더 이상의 제약 없이 시장에 참여할 수 있길 기원합니다.

부록에는 미술시장에서 자주 사용되는 주요 개념에 대한 용어해설이 있습니다. 일상에서 잘 쓰이지 않는 단어들을 설명했습니다.

미술품에 매료되고 영감을 얻으세요. 미술품은 삶에 기쁨을 주기 위해 존재하고, 새롭게 생각할 화두를 던지며 사고의 지평을 넓힙니다.

이제 미술품을 사세요. 여러분을 응원합니다.

미술세계로의 흥미진진한 여행과 많은 새로운 경험을 기원합니다.

Ruth Polleit Riechert

루트 폴라이트 리허르트
사진: 아네 시몬Anne Simon

1장

도입

이 장에서 알게 되는 것

* 미술시장이 디지털 방식으로 어떻게 변화하는가, 그로 인해 어떤 이점이 있는가

* 이런 변화를 통해 장기적으로 어떤 우려를 해소할 수 있는가

* 미술시장에 대해 어떤 가정이 타당하며, 어떤 가정은 타당하지 않은가

베른하르트 아담스, 〈딥필드Deepfield XXVIII〉(2021), 부분
지름 140㎝, 폴리에스터에 아크릴과 유화

대중은 예술을 필요로 한다.
그리고 대중이 예술을 필요로 한다는 것을 깨닫고
소수를 위한 부르주아 예술을 하지 않고
대중을 무시하지 않는 것이 자칭 예술가의 책무이다.

_키스 해링Keith Haring

여러분에게 이득이 되는 미술시장의 변화

미술품 구입을 시작하기에 시기적으로 더 이상 좋을 수는 없습니다. 수백 년간 드리워져 있던 장막이 걷히고, 고급 회원전용 클럽이 문을 활짝 열었습니다. 미술이 여러분에게, 그리고 관심이 있는 모든 이들에게 개방되었습니다. 디지털화는 많은 것을 더 투명하게 만들었습니다. 품질 요소뿐만 아니라 가격상승까지 이해할 수 있고 비교할 수도 있게 되었습니다. 수많은 테크놀로지가 여러분을 지원할 수 있으며 이는 특히 미술품을 투자대상으로 볼 때 도움이 됩니다. 인플레이션은 많은 투자자가 대안 투자처를 찾게 했습니다. 아시아의 청년층에서는 미술품이 투자 포트폴리오의 20퍼센트까지 차지하기도 합니다. 유럽에서는 전문투자자들의 경우 5~10퍼센트 정도입니다. 특히 신진작가 작품을 구입한다면 좋은 일도 하게 됩니다. 계속 작품활동을 할 수 있도록 작가를 돕게 되니까요. 그러고도 작품에 만족한다면, 여러분은 모든 것을 제대로 해낸 셈입니다.

코로나바이러스 팬데믹의 영향은 광범위하게 퍼졌으며 국제 미술시장도 큰 타격을 받았습니다. 미술관, 경매회사, 아트페어와 갤러리에서 행사가 취소되었습니다. 2020년도의 매출 감소는 전 세계적으로 22퍼센트로 추정되며, 독일 갤러리의 경우 30퍼센트 이상으로 추산됩니다.[1]

미술시장에 정리가 필요해졌습니다. 일찌감치 온라인 판매 플랫폼을 만든 사람들은 이득을 보았고, 새로운 기법과 시장투명성을 줄기차게 거부한 사람들은 곤경에 빠지게 되었습니다. 재빠르게 온라인 옵션으로 갈아탄 경매회사 같은 시장참여자들은 단기간에 힘을 받아 팬데믹에서 벗어날 수 있었습니다. 미술시장은 새롭게 편성되며 폭이 더 넓어졌으며, 폐쇄적이던 기존 미술품 거래사업이 변모했습니다.[2] 팬데믹은 미술산업계의 생각을 바꾸어 놓았습니다.

그렇다면 이것이 '미술품 구매'라는 주제에 대한 여러분의 관심과 어떤 관계가 있냐고요? 여러모로 많지요! 바로 설명하겠습니다.

미성숙한 시장

미술시장은 국제적 시장이며 몇 가지 특별함이 있습니다. 하나는 비교적 작은 틈새시장이라는 것입니다. 2019년 거래액은 단지 640억 달러로 추정됩니다. 비교하자면, 미국 애플사는 2022년 3분기에만 830억 달러의 매출을 기록했습니다.

또 다른 하나는 세계 미술시장의 성장률이 미미하다는 것입니다. 2008년부터 2018년까지 거래액은 단지 9퍼센트 증가한 반면, 이 기간 미국의 국민총생산은 42퍼센트 증가, 이른바 HNWI라 불리는 고액순자산 보유자High Net-Worth Individuals(100만 달러 이상의 유동금융자산 소유자)의 자산은 두 배 이상이 되었습니다.

세계 미술시장의 이러한 저조한 성과는 어떻게 설명될 수 있을까요? 미술품에 대한 관심 부족 때문은 아닙니다. 소수의 사람만이 미술품을 구입하지만, 많은 사람이 미술품에 관심이 있고 그로 인해 즐거워하며 그 시장에 접근하려 합니다. 숫자가 이를 증명합니다. 팬데믹 이전 수년간은 아트페어의 수가 확실히 증가했고 미술관 방문객 수역시 높은 수준으로 꾸준히 유지되었습니다.

낮은 가격투명성

중요한 이유 중 하나는 가격과 품질의 투명성 부족입니다.

주식시장과 비교한다면 미술시장은 한참 뒤처져 있습니다. 미술품 구매관심자가 얻을 수 있는 정보는 최소한으로 제한됩니다. 몇 가지 예를 들자면, 어떤 작가가 어떤 작품으로 갤러리나 아트페어에서 미술시장으로 진입하는지 외부인은 잘 알 수 없습니다. 또한 어떤 작가가 어떤 작품을 전시회나 미술관에 내놓을 수 있는지를 누가 결정하는지도 알 수 없습니다. 무엇보다도, 많은 미술애호가가 미술품 가격이 실

제로 어떻게 정해지는지 모릅니다.[3]

가격투명성 부족이 누구에게 이익인가

미술애호가들과 구매관심자들이 안개 속을 헤매는 반면, 시장의 불투명성으로 이득을 보는 다른 이들이 있습니다. 우선 대형 시장참여자를 꼽을 수 있습니다. 이름난 미술관들의 네트워크를 갖고 움직이는 뉴욕의 유명 갤러리들, 이른바 메가 갤러리들입니다. 이는 50만 명에 달하는 작가를 대상으로 한 경력 조사 결과입니다.[4]

예전 로마 시대에 황제가 검투장에서 엄지를 들거나 내린 것처럼, 메가 갤러리들은 어떤 미술품이 좋고 어떤 것이 나쁜지, 누가 '플레이'를 계속할지를 확고히 하는 결정을 내렸습니다. 그래서 어느 작가가 커리어를 만들어나가고 어느 작가는 안 되는지, 가격은 얼마가 적당하고 시간에 따라 어떻게 변할지도 그들에 의해 정해졌습니다.

앤디 워홀Andy Warhol이 1970년대에 이미 이를 간파했습니다. "비즈니스를 잘하는 것은 가장 매력적인 종류의 예술이다. 돈을 버는 것은 예술이고 일을 하는 것도 예술이다. 그리고 잘되는 비즈니스는 최고의 예술이다."[5]

이런 시장지배력은 어떻게 구축될 수 있었을까요? 미술관들은 보조금이나 기부금에 의존하는데, 자금력 풍부한 갤러리들은 미술관 전시회를 재정적으로 지원합니다. 이는 해당 갤러리 작가의 인지도를 높이고, 그럼으로써 시장가격도 높아지게 됩니다. 거기에 더해 특정 비평가나 미술잡지들이 감상 리뷰를 통해 엘리트적이고 배타적인 이미지를 대중에게 각인시킵니다. 이 모든 것이 구매력 있는 억만장자 고객들을 끌어들이고 갤러리들은 또다시 여기서 이득을 취하게 됩니다. 가격도 결정할 수 있게 되지요. 완벽한 공생관계인 것입니다.

미술시장에서 일부 미술품 딜러의 과점상황은 독일의 유명한 미술품 수집가 잉빌트 괴츠Ingvild Goetz가 독일 경제잡지《매니저 마가진 *Manager Magazine*》인터뷰에서도 비판한 바 있습니다.[6] "과점은 가격형성에 불투명성을 초래하고 수많은 미술시장 잠재고객을 접근조차 못하게 만들었습니다."

그럼에도 미술품에 대한 관심은 확실하게 증가하고 있습니다. 한 연구에 따르면, 세기 전환기에 태어난 밀레니얼 세대(63퍼센트)는 2차 대전 이후 태어난 베이비붐 세대(34퍼센트)보다 확실히 더 미술에 관심

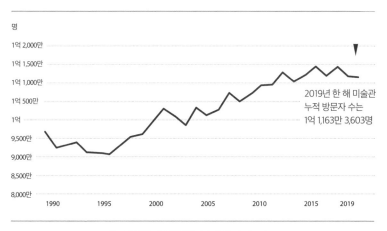

표 1.1 독일의 미술관 방문자 수 추이, 1990~2019

출처: Institute for Museum Research(2021)

이 있습니다.[7]

그러나 관심을 보이는 사람 숫자가 늘어나는데도 구매자 수는 줄어들고 있습니다. 판매 작품 수가 오랫동안 줄어들었고 2007년과 2017년 사이에는 20퍼센트나 내려앉았습니다. 갤러리 30퍼센트 정도가, 특히 소규모 갤러리들이 적자를 기록했습니다. 다른 시장에서와 마찬가지로 유명 대형 갤러리는 점점 부자가 되었고, 소규모 갤러리들은 구매자를 찾지 못했습니다. 소규모 갤러리 역시 작가를 키우지만, 작가들은 더 큰 가능성을 제공하는 대규모 갤러리로 옮기곤 합니다.

미술시장의 변화가 시작되었습니다. 왜냐하면 하필 팬데믹이 이 모든 구조를 뒤흔들었고, 디지털화에 힘입어 시장이 투명성을 향해 변화하도록 압박했기 때문입니다. 한동안 대형 이벤트는 물론, 주요 고객들 라이프스타일의 한 부분인 샴페인의 거품을 즐기는 소규모 베르니사주도 개최될 수 없었습니다. 이전까지는 그들의 구매력이 미술시장을 지탱했는데, 갑자기 인터넷이 베르니사주를 대체해야만 했습니다. 새로운 마케팅 기법과 새로운 판매 채널이 도입되고 예전의 구조는 파괴되었습니다. 이것은 한편으로는 많은 미술품 구매관심자와 딜러에게 이득이 되기도 했지요.

작가들에게도 새로운 판매 가능성이 열렸습니다. 갤러리라는 바늘구멍을 통해 대중에게 접근하던 것 대신 이젠 직접 인터넷을 통해 작품을 내놓을 수 있습니다. 직접 잠재고객과 소통하고 거래를 성사시킬 수 있으며, 드디어 뉴욕 큰손들의 억압으로부터 자유로워진 것입니다!

미술시장에서의 인공지능—트렌드인가? 아니면 변화의 또 다른 지표인가?

인공지능(AI)은 인간의 사고와 행동을 모방하는 기계의 능력입니다. 작가는 물감과 붓을 쓰지 않고도 텍스트 입력과 프로그래밍 알고리즘을 통해 이미지를 생성해낼 수 있으며 이는 디지털아트의 지속적 발전을 위한 새로운 도구가 됩니다. 이 책에 작품과 함께 소개된 작가 라파엘 브룽크Raphael Brunk는 이미 오래전부터 알고리즘으로 창작 작업을 하고 있습니다(262쪽 참조). 영국 작가 데미언 허스트Damien Hirst도 유명한 스핀 페인팅Spin Paintings[빠르게 회전하는 둥근 캔버스에 물감을 뿌려 원심력을 이용해 독창적인 이미지를 만드는 작업방식.—이하 대괄호 속의 설명은 모두 옮긴이가 넣은 것이다.]을 컴퓨터 이미지 생성기로 만들기 위해 AI를 활용했습니다. 그 작품들은 아트 서비스 회사 HENI 플랫폼에서 경우에 따라 NFT로도 구입할 수 있습니다.

AI는 창작 도구로만 쓰이는 것이 아니라, 아트 레커그니션Art Recognition 소프트웨어 프로그램이나 프랙처 앱Fracture-App을 이용해 위조품을 판별하는 데도 활용됩니다. 독일 당국은 미술품 불법거래를 식별하기 위해 AI를 활용하는 앱 KIKU를 테스트하고 있습니다. 문제가 된 작품의 사진을 기반으로 제작연도와 원산지가 추정됩니다. 구매자에게도 AI가 도움이 될 수 있습니다. 예를 들면 챗 GPT(chat.openai.com)를 통해 특정 작품의 공급자와 가격을 찾는 방법을 알아볼 수 있습니다. 어떤 도구와 기능이 자리를 잡을지는 시장이 보여줄 것입니다.

디지털화는 민주화를 촉진한다

디지털화의 영향은 미술시장을 더 투명하게 만든 것인데, 그로 인해 초대형 갤러리로 대표되는 기존 오피니언리더들의 결정 권한은 줄어들었습니다.

작가, 작품, 거래가격에 대한 점점 더 많은 정보가 인터넷을 통해 대중에게 접근 가능해지고 더 투명해졌습니다. 이는 관심이 있는 사람들의 미술시장 진입을 촉진합니다. 앞으로는 소수의 전횡이 아니라 다수의 평가에 따라 가격이 결정될 수 있게 되었습니다.

의심할 여지 없이, 작가와 작품과 구매자가 중심이 되는 투명하고 차별화된 국제 미술시장의 출현은 전에 없던 대단한 일이 되겠지요. 왜냐하면 괴테Johann Wolfgang von Goethe가 말했듯 미술은 "말로 표현할 수 없는 것들의 전달자"로서 사람들을 묶어 동질감과 결속감을 주기 때문입니다.[8]

디지털화의 증가는 미술시장의 투명성을 높여 이 독특한 잠재력을 활용할 기회를 열었습니다.[9]

드디어 엘리트들의 장막이 걷히고 미술시장 내 그들만의 클럽이 와해되어 새로운 현상이 나타나게 되었습니다. 미술시장 진입이 관심 있는 사람들 모두에게 가능하게 된 것입니다.

미술관을 재정 지원하고 구매력 있는 고객을 상대하는 크고 영향력 있는 갤러리들은 그럼에도 여전히 존재할 테지만, 미술시장은 더 이상 거기에 국한되지 않을 것입니다. 공급 확대와 가격투명성 증가는 지금도 폭넓은 대중에게 미술시장 진입을 매력적으로 만들고 있습니다.

시대의 특성은 간과될 수 없습니다. 미술시장은 새로이 정렬되고 더욱 상업화될 것입니다. "플레이어와 그를 통제하던 게이트키퍼의 위치 변동을 수반하는 큰 변화로 기존 미술계는 적응하는 데 어려움을 겪었습니다. 완전히 새로운 수집가 환경(테크놀로지에 익숙한 사람들)을 인정하고 태어날 때부터 디지털환경에서 자란 디지털 네이티브들에게 배턴을 넘겨주는 대신, 많은 이들이 현상유지를 원합니다." 미술사학자, 큐레이터이자 작가인 케니 샤흐터Kenny Schachter는 나겔 드락슬러 갤러리의 디지털 미술 전시회에서 이런 의견을 밝힌 바 있습니다.[10]

그러나 새로운 기술적 가능성이 미술품 구매에서 힘을 발휘할 것입니다. 미술시장은 아날로그와 디지털 양쪽 세계를 통틀어 최선의 선택을 알려줄 것입니다. 그리고 여러분은 모두에게 오픈된 아날로그와 디지털 경로를 통해 집이나 사무실에 두기 위해 또는 투자 목적으로 작품을 고를 수 있게 됩니다.

미술시장은 투자자에게 점점 흥미로워지고 있습니다. 새로운 테크놀로지가 개별 미술품의 소유자, 진본 여부와 거래가격을 디지털로 인증할 수 있게 하기 때문입니다. 걸작들의 부분 소유도 같은 방식으로 증권화될 수 있습니다. 그리하여 미술품이 더 손쉽게 거래될 수 있고 대안 투자대상으로 더 매력적이게 됩니다. 자금이 많지 않은 고객들도 미술품 투자가 가능하게 되며, 거래는 더 간편해지고 시장유동성은 더 늘어납니다.

시장의 민주화는 본격화되었습니다. 미술시장에서 권력과 세력균형이 새로이 형성되었습니다. 앞으로는 미술품의 선정 과정과 가격 책정을 전문가나 대형 갤러리만 결정하지 않을 뿐 아니라, 품질과 가격을 평가하는 것이 미술에 관심 있는 무수한 사람들 몫이 됩니다. 그들에게 새로운 온라인 마켓플레이스에서 엄지를 들거나 내릴(품질 평가), 또는 사거나 팔 결정권이 주어졌고, 작품가격에도 영향력을 발휘할 힘이 생겼습니다. 어떤 작품이 미술사적으로 의미가 있고 미술관에 전시할 만한지도 소수 결정권자의 선택이 아니라 시장과 대중의 가치추정으로 결정되게 되었습니다. 이로써 미술시장과 미술사에 완전히 새로운 장이 펼쳐질 것입니다.

앤디 워홀과 키스 해링이 보는 예술: 팝아트나 스트리트아트만 모든 사람을 위한 것은 아니다

앤디 워홀(1928~1987)은 아마도 팝아트 운동에서 가장 유명한 인물일 겁니다. 그는 1960년대 초반, 캠벨수프 캔이나 코카콜라 병 같은 대중문화의 대량생산 이미지를 기반으로 복제실험을 시작했습니다. 1962년 워홀은 그의 가장 유명한 작품을 만듭니다. 배우 매릴린 먼로Marilyn Monroe(1926~1962)의 여러 번 복제된 초상화인데, 동일한 광고사진을 기반으로 만들어진 작품입니다. 워홀의 대량생산 그림 실험은 "예술은 누구나 가질 수 있어야 한다"는 그의 민주적 확신의 표현이었습니다.

팝아트 운동과 스트리트아트에서 또 하나의 유명 작가는 키스 해링(1958~1990)입니다. 1989년 해링은 시카고에 가서 그랜드파크 주변을 따라 약 150미터 길이의 벽화를 그리기 위해 500명의 시카고 공립학교 학생들과 협업했습니다. [시전 계획이나 스케치 없이, 122개의 1.2×4.4미터 패널에 해링이 상징적인 검은 테두리의 형상을 그리고, 학생들이 주어진 다섯 가지 색, 즉 빨강, 오렌지, 파랑, 연두, 노랑을 임의로 칠했다. 창작 권한을 얻은 몇몇 학생은 자신의 이니셜을 넣거나 사회적 메시지를 전하기도 했다.]

이 대형 작품은 5월 15일부터 19일까지 단 5일 만에 만들어졌고, 시카고 시당국은 공식적으로 이 기간을 '키스 해링 주간'으로 선포했습니다. 이 행사는 "예술은 모두를 위해 거기에 있다"라는 미술과 접근성에 대한 그의 관점의 일면을 보여줍니다. "예술은 모두를 위한 것이다." "대중은 예술을 필요로 한다. 그리고 대중이 예술을 필요로 한다는 것을 깨닫고, 소수를 위한 부르주아 예술을 하지 않고 대중을 무시하지 않는 것이 자칭 예술가의 책무이다."[11] "제 지원 네트워크는 미술관과 큐레이터들이 아니라 실제 사람들로 이루어져 있습니다. 그래서 좋습니다. 왜냐하면 제가 하려 했던 모든 것이 그 모든 헛소리를 잘라버리는 것이기 때문입니다."[12] CBS 방송과의 한 인터뷰에서 그는 이렇게 말하기도 했습니다. "감상하기 위해서 미술에 대해 알 필요는 없습니다. 숨겨진 비밀이나 당신이 이해해야 할 그 무엇도 없습니다."[13]

미술시장에 대한 선입견과 실제

오랫동안 외부 사람들이 제기한 다음과 같은 우려들이 종종 미술품에 관심이 있는 사람들의 구매를 가로막는 데 크게 작용했습니다. 그런 우려가 왜 필요 없는지 알려드리겠습니다.

선입견 1 미술품은 까다롭다

회화나 조각이 개인공간에 전시되는 일이 자주 있습니다. 그런데 손님들은 그것을 보고 뭐라고 말해야 좋을지 모르면 불편해합니다. 작가를 모를 수도 있고 작품이 특별히 와닿지 않을 수도 있습니다. 미술학자 크리스티안 제렌트Christian Saehrendt는 이렇게 말합니다. "우리는 작가 이름을 모르거나 그 이름을 잘못 발음하는 경우, 또는 작품을 확실히 판별할 수 없는 경우, 자신의 학식 부족이 드러나는 것을 걱정합니다."[14]

어떤 작품을 못 알아본다고 해서 그것이 지식이 부족함을 의미하는 것은 아닙니다. 여러분은 어떤 것이 마음에 들고 어떤 것이 마음에 들지 않는다고 말할 자격이 있습니다. 미술품 평가에 옳고 그름은 없습니다. 사전 지식과 관계없이, 그 작품이 마음에 들 수도 있고 마음에 들지 않을 수도 있습니다. 또한 작품을 이해할 수 없다면, 어쩌면 작가가 제대로 작업을 하지 못한 것일 수도 있습니다. 최고로 사랑받고 최고로 성공한 작가들은 아주 많은 사람이 이해할 수 있었고 또 지금도 이해하는 작품을 만들었습니다. 그래서 그들이 그렇게 인기가 있는 겁니다. 그러나 솔직히 말한다면, 작가들은 그런 생각을 별로 하지 않았습니다. 단지 그것이 그들의 열정이었기 때문에 단순히 그려냈지요.

히트한 노래도 다르지 않습니다. 그 노래가 마음에 들지 않는다고 말하기가 망설여질 수 있습니다. 하지만 미술품의 경우보다는 훨씬 덜할 겁니다. 왜 그럴까요? 음악과 관련해 누군가가 여러분에게 "관심은 있는데 잘 모르겠어"라고 말하는 것을 들어본 적 있습니까? 아마 없을 겁니다. 어떤 곡이나 노래가 마음에 드는지, 음악을 다운로드하고 구매할지 그러지 않을지 의사표시를 하는 데 불편함을 느낄 사람은 없습니다. 콘서트를 보러 가는 것도 마찬가지입니다. 사전 지식은 없어도 됩니다. 어떤 사람이 한 뮤지션에 관심이 생겼다면, 더 많은 정보를 모으게 마련입니다. 물론 그 자체를 즐기는 경우에만 그렇게 하겠지요. 그가 그러기를 기대하는 사람도 없고, 아무도 그게 꼭 필요하다고 생각하지 않습니다.

평론가나 미술사학자들은 대개 미술품을 해설하고 치장하는 사람들입니다. 이것은 작가들에게 좋은 일이겠지만, 작가들의 생각과 꼭 일치하는 것은 아닙니다. 해당 작품에 대한 작가의 설명이 있다면야 명백하겠지만, 대부분은 설명이 없지요. 작품을 이해함에 있어 우리는 더 여유를 가져야만 하고, 여유를 가질 수 있으며, 여유를 가져도 됩니다. 다만 작품을 구매하려면 시장의 특정 메커니즘에 대해 미리 알아야 합니다.

선입견 2 미술품은 비싸다

미술품 가격에는 커다란 불확실성이 존재합니다. 맞습니다. 미술 시장처럼 한편으로는 기록적 가격에 현혹되고 다른 한편으로는 독특한 가격구조로 인해 심한 불투명성 속에 던져지는 경우는 다른 어떤 시장에도 없습니다.

적은 돈에 살 수 있는 좋은 미술품도 있다는 사실이 유감스럽게도 완전히 잊혔습니다. 어떻게 좋은 미술품을 적정한 가격에 구입할 수 있는지는 이 책을 보면서 알게 될 것입니다.

미술품은 비쌀 수 있습니다. 그러나 비싼 것은 극히 일부분임을 알아야 합니다. 1만 달러 이하의 미술품도 아주 많으며 촉망받는 젊은 작가들의 5,000달러 이하 작품들은 그보다 더 많습니다. 대학교육을 마쳤고 작품이 이미 잘 팔렸으며 전시회 경험도 있는 작가들만이 중형 캔버스 사이즈에 5,000달러 정도를 요구할 수 있습니다. 실제 유럽에서 미술품 거래가격은 나라에 따라 차이가 있지만 평균 2,000~4,000달러입니다.[15]

놀라지 마십시오. 파블로 피카소 Pablo Picasso(1881~1973)같이 아주 유명한 작가들의 작품도 5,000달러 이하인 것이 있습니다. 이런 작가들도 회화만 그린 것이 아니라 판화를 찍어 에디션을 만들었습니다. 이런 작품은—단 한 점뿐인 회화와는 달리—더 많은 수의 에디션으로 시장에 나옵니다. 다른 사람도 동일한 작품을 소유할 수 있다는 의미입니다. 그렇지만 통상 에디션 수는 제한됩니다. 그에 비하면 아는 사람 중 누군가가 값비싼 장식품이나 디자이너 가구—시장에서 판매 개수 제한이 없는—를 갖고 있을 확률이 훨씬 높을 겁니다.

선입견 3 미술품 구매에는 명확한 가격구조가 없다

맞습니다. 아마 여러분도 비슷한 경험을 했을 겁니다. 갤러리로 들어갑니다, 그림이 마음에 듭니다, 얼마인지 가격이 알고 싶겠지요. 그림 옆에는 가격표시도 없고 별도의 가격 리스트도 없습니다. 흰 카운터 뒤에 숨어 컴퓨터 화면과 씨름하는 직원의 주의를 끌어보려 노력해봅니다. 그 직원은 저 멀리 구석 책상 위에 놓인 리스트를 가리킵니다. 여러분은 가격을 이리저리 본 후, 그림 한 점을 구입하고 싶어 합니다. 다시 그 직원의 주의를 끌어봅니다. 그러자 갤러리의 디렉터를 소개하겠다고 하네요. 모습을 드러낸 디렉터는 유감스럽게도 이런 말을 할 뿐입니다. "그 그림은 이미 예약되어 있습니다."

또는 디지털 세계에서 서핑을 합니다. 한 플랫폼에서 흥미로운 작품을 몇 개 발견합니다. 이 작품들의 가격을 알고 싶지요. 가격이 표시되어 있지 않아 이메일로 문의해야 하네요. 하지만 번거롭기도 하고 연락처를 남기기도 싫습니다. 결국 좌절해 포기합니다.

여타 시장과 달리 미술시장이 신뢰가 낮은 가장 중요한 이유는 가격의 불투명성입니다. 하지만 개선되고 있지요. 여러분이 이미 아는 바와 같이, 가격이 표시된 작품이 그렇지 않은 작품보다 팔릴 확률이 훨씬 높다는 것이 여러 기법을 통해 입증되었기에 점점 많은 작품에 가격이 표시되고 있습니다. 점점 많은 데이터가 축적되고 있어 데이터 뱅크나 플랫폼에서 가격들을 비교할 수 있게 되었습니다.

프랑크푸르트 크리스티의 대표인 나탈리 라치빌 Natalie Radziwill**에게 새로운 미술품 구매자에게 어떤 조언을 하는지 이메일로 문의했습니다.**

미술품을 구매할 때는 누구나 본인의 직관, 열정과 취향을 좇아야 합니다. 항상 가장 중요한 것은 그 작품을 사랑하고 그 작품과 함께 살아가고 싶어야 한다는 것입니다.

거기에 더해 미술관과 갤러리에서 고전과 현대 작품을 보고, 물론 오리지널이 좋지만 온라인에서도 될수록 많이 보고, 무엇을 보았고 무엇이 맘에 드는지를 다른 사람들과 이야기하는 것이 좋습니다. 조용히 가격도 물어보고 비교해보십시오. 이렇게 함으로써 무엇이 시장에 나와있고, 어떤 것이 있었으며, 어떤 것이 인상적이고 마음을 움직이는지, 또 어떤 것이 본인에게 가치가 있을지 감이 생기게 됩니다. 작가에 대해서도 많이 알 수 있습니다. 직접 연락해볼 수도 있고, 그가 어떻게 작업하며 누구와 같이 일하는지, 롤모델은 누구인지, 무엇이 그에게 중요한지를 은밀하게 알아볼 수도 있습니다.

그러다 보면 이미 알고 있었고 찾아다녔던 작품을 만나는 경우가 생깁니다. 감격하게 하거나 마음을 사로잡아 꼭 손에 넣고 싶다는 감정이 생기는 작품을 만나게 된다면, 서두르지 말고 더 많은 정보를 얻고 감각을 얻기 위해 판매자와 좀더 구체적으로 이야기를 나누어야 합니다. 하룻밤 자고 일어나서 다시 생각해보거나, 가까운 친구들에게 이야기해보십시오. 그러고 나서도 마음에 든다면 더 이상 머뭇거리지 말고 행동하십시오.

선입견 4 경매최고가 기록을 보니, 사람들은 미술품에 많은 돈을 쓴다

이는 단지 부분적으로만 맞습니다. 경매최고가 기록은 우연이 아닙니다. 마케팅을 위해 그렇게 조성되는 경우가 종종 있습니다.

기록 갱신은 특히 경매회사, 매도자, 매수자에게 아주 좋은 비즈니스입니다. 경매회사와 매도자는 높은 낙찰가로 수익을 얻을 뿐 아니라—구매자에게도 이익인데—돈 한 푼 안 들이고 세계적 뉴스가 되는 이득이 있습니다. 2018년 소더비 경매에서 뱅크시Banksy의 〈풍선을 든 소녀Girl with Balloon〉가 경매 도중에 파쇄되는 사건이 있었습니다. 그 뉴스는 전 세계로 퍼져나갔고, "작가뿐만 아니라 경매회사를 위한 멋진 홍보 행위"가 되었다고 유럽경매협회(EFA)의 회장인 헨리크 한슈타인Henrik Hanstein은 얘기합니다.[16] [2018년 10월 소더비 런던 경매에서 104만 파운드(당시 약 140만 달러)에 낙찰되었던 〈풍선을 든 소녀〉는 상단 반 정도가 파쇄되지 않고 남았는데, 3년 후 〈사랑은 쓰레기통에Love is in the Bin〉로 제목을 바꿔 나온 소더비 경매에서 1,600만 파운드에 팔렸다.]

2017년 미국 작가 장 미셸 바스키아Jean-Michel Basquiat (1960~1988)의 그림 하나가 1억 1,050만 달러에 낙찰되었습니다. 구매자는 온라인 패션 소매업체인 조조타운으로 억만장자가 된 일본인 사업가 마에자와 유사쿠前澤友作였습니다. 이 뉴스는 들불처럼 세계로 퍼져나갔고, 모든 사람이 구매자가 누구이고 그가 무슨 비즈니스를 하는지를 알게 되었습니다. 이보다 나은 마케팅 방법을 생각해낼 사람은 없었을 겁니다. 그게 우연이었을까요? 우연이었을 가능성은 아주 적습니다.[17]

경매최고가 기록은 미술시장의 통상 비즈니스와는 관련이 없습니다. 경매 거래는 전체 미술시장에서 아주 작은 부분을 차지할 뿐입니다. 유감스럽게도 경매 기록은 관심 있는 일반인들에게 전체 그림을 왜곡하고 있습니다.

선입견 5 가짜는 온라인 플랫폼에만 존재한다

불행히도 그렇지 않습니다. 사전에 감정을 받는 주택매매나 자동차매매와 달리, 미술시장은 불과 몇 년 전까지도 1,000만 달러짜리 작품도 충분한 검증 없이 구매하는 것이 관례였습니다.

2014년 스위스 미술전문가협회Fine Art Expert Institute(FAEI)의 보고서에 따르면 시장에 유통되는 미술품의 적어도 절반이 가짜라고 합니다.[18] 어떤 기관들은 그보다는 낮게 추정하기도 하지만, 그럼에도 컬렉터나 미술관 사이에서 무분별한 투자가 이루어졌다고 말할 수 있습니다.

미술시장의 빈약한 검증 메커니즘과 유명한 위조 및 복제 사건들만 감안해도 50퍼센트라는 숫자는 그렇게 비현실적이지 않습니다. 대부분의 미술시장참여자들도 약 30퍼센트로 추정하고 있습니다.

20세기 말이나 21세기 초만큼 위조품이 많이 만들어진 시기는 그 이전에도 이후에도 없었습니다. 위조품 이슈는 그간 국제 미술품 거래회사들에게 중요한 사안으로 발전했습니다.[19]

모든 딜러, 미술관, 경매회사 및 컬렉터가 비용을 지불하고 학문적 분석과 전문 감정서를 사용하지 않는 한, 시장을 위조로부터 지킬 가능성은 없습니다. 그뿐 아니라 많은 공증기관과 미술품전문가들이 잘못된 감정으로 피소될 위험 때문에 감정서 발급을 점점 주저하고 있습니다. 심지어 작품 감정 자체를 거부하기까지 합니다. 위조품일 가능성이 있어도, 미술관이나 개인이 소장한 작품 또는 수장고에 있는 작품의 진위를 밝히는 것에는 아무도 관심을 갖지 않을 겁니다. 구매자, 판매자, 작가 등 모든 관계자에게 불이익이 돌아가기 때문입니다.

그러면 이렇게 생각하겠지요. 신진작가 경우엔 작품을 스튜디오에서 직접 구매할 수 있으니 복제품과 위조품은 없을 것이라고요. 그리고 복제품과 위조품은 시장에 대규모로만 나올 거라고요. 죄송하지만 실망스러운 대답을 할 수밖에 없네요. 예를 들자면 창작위기creative crisis에 빠져 아무런 아이디어가 떠오르지 않는 젊은 작가가 있을 수 있습니다. 그렇다면 모작을 만들어 자기 것처럼 팔 수도 있을 겁니다. 다른 작가의 영향을 받아 발전시키는 것이 아니라, 실질적인 1:1 모작을 말하는 것입니다. 이런 특별한 '해적판 카피'는 유감스럽게도 아직 이미지인식 컴퓨터 소프트웨어로도 찾아낼 수가 없습니다.

대규모로 미술품을 위조한 볼프강 벨트라키

미술품위조범 볼프강 벨트라키Wolfgang Beltracchi(1951~)가 직접 진술한 바에 따르면, 그는 대가들의 작품 300점을 위조했습니다. 그중에서 단지 70점만 회수되었고 나머지는 아직도 시장에 유통되고 있습니다. 그것들은 개인이 소유하고 있거나 대형 컬렉션에 포함되어 있거나 미술관에 있습니다. 벨트라키는 2010년 체포되어 2011년에 6년형을 선고받았고, 2015년에 모범수로 출소했습니다.[20] 2021년 5월 벨트라키가 출연한 팟캐스트에서 그와 공조한 부인 헬레네는 이렇게 말했습니다. "당신만이 만들어낼 수 있는 작품에 대한 수요가 있어요. 그리고 그 수요가 끝이 없어요."[21]

이 장에서 알게 된 것

지금까지는 소수 그룹의 딜러들이 미술시장을 지배하며 유명 미술관과 갤러리의 작품 선정을 결정했습니다.

작가와 작품에 대한 미진한 정보, 가격 불투명성, 경매의 기록적 가격, 넘쳐나는 위조품 등이 미술시장의 신뢰를 낮추었고 거래량과 성장도 지지부진하게 했습니다. 미술품의 엘리트적인 이미지는 경제력이 낮은 미술품관심자들이 구매를 엄두도 내지 못하게 했지만, 이런 현실은 미술시장을 다시 활성화하고 품질 평가와 작품 선정을 민주화하기 위해 즉시 변혁되어야 합니다.

코로나 팬데믹은 바로 그런 기회를 제공했습니다. 시장의 디지털화 지향과 이를 통한 정보교환 및 가격투명성 제고는 미술품관심자, 작가 및 딜러에게 이득을 가져다줍니다. 이렇게 되어야 미술시장이 다시 성장할 수 있으며 실제로 모든 이가 미술품을 즐길 수 있게 됩니다.

2장

미술시장 더 이해하기

이 장에서 알게 되는 것

＊미술시장에 대해 알아야 할 모든 것

＊미술시장에서 누구와 상대하게 되는가

＊가격은 어떻게 형성되는가

＊알아두어야 할 미술 양식과 용어─고전 유화부터 디지털아트, 크립토아트와 NFT까지

요하나 클라라 베커Johanna Clara Becker, 〈무제〉(2021), 부분
130×130㎝, 캔버스에 복합기법

공상은 지식보다 중요하다,
왜냐하면 지식이란 제한적이기에.

_알베르트 아인슈타인Albert Einstein

주요 기본사항

미술시장은 변화 중에 있습니다. 경계가 무너지고, 굳건해 보이던 비즈니스 모델들도 밀려나고 있습니다. 예를 들자면 경매회사들은 개인상대 판매를 강화하고, 갤러리들은 새로운 서비스를 제공하기 위해 서로 협력하는가 하면, 시장지배력을 높이기 위해 지역 아트페어를 조직하기도 합니다. 새로운 세일즈플랫폼도 미술품을 판매할 수 있기 때문입니다. 클릭 몇 번으로 쉽게 구매할 수 있지요. 그렇다면 미술시장이란 정확히 무엇일까요? 시장은 어떻게 구성되어 있을까요?

미술시장은 일반적으로 1차시장primary market과 2차시장secondary market 으로 구분됩니다. 처음으로 작품이 팔리는 곳이 1차시장입니다. 시장참여자는 작가와 갤러리스트와 구매자입니다. 그 작품이 두 번째로 거래되고 소유주가 바뀌면, 2차시장으로 진입하게 되는 것입니다. 이는 일반거래나 경매를 통해서 반복될 수 있습니다. 여기에서 작가는 더 이상 개입하지 않습니다. 2차시장에서는 경매회사들이 메인 플레이어가 됩니다.

또한 미술시장은 공간적·시간적 성격이 다양한 시장들로 구성되어 있습니다. 시장부문은 양식, 장르 등으로 구분되어 예컨대 올드 마스터 시장과 컨템퍼러리 아트 시장이 완전히 대등하게 존재하는 것입니다.[1]

여기에서 미술품의 총거래액은 단지 추정만 가능하다는 것을 알아야 합니다. 총거래액은 갤러리와 미술상 그리고 경매 거래에서 판매된 작품 금액의 합계입니다. 갤러리와 미술상은 거래액을 외부에 알리지 않습니다.

경매 데이터만이 다양한 데이터뱅크와 경매회사를 통해 알려질 뿐입니다. 이런 점에서 모든 보고서 수치는 대략적인 추정으로만 여겨집니다. 전체 미술시장에 대한 믿을 만한 수치를 산출하는 것은 불가능에 가깝습니다.

세계 최대 규모의 아트페어인 아트 바젤Art Basel과 스위스의 UBS은행이 발간한, 미술경제학자 클레어 맥앤드루Clare McAndrew의 '미술시장 보고서'가 인정받는 연구의 하나입니다. 이 보고서에 쓰인 방법론은 2008년부터 적용되어왔으며 비교 수치는 어느 정도 신뢰할 수 있는 기준을 제공합니다. 거래액 추정을 위해 맥앤드루는 국제적 갤러리들을 대상으로 설문을 실시합니다.[2]

> **판매가**
>
> 미술시장에서 공표된 데이터는 단지 경매에서 체결된 가격뿐입니다. 다른 모든 판매가는 설문에 의거해 추정됩니다.

　미술시장은 작은 시장입니다. 진전되는 세계화가, 특히 아시아에서, 미술품 수요를 늘리고 지난 수십 년간 미술품 가격 수준을 높이는 데 도움이 되었지만, 미술시장은 쉽게 파악할 수 있는 규모에 머무르고 있습니다. 2010년부터 2019년까지 추정 연평균거래액 640억 달러와 2022년의 678억 달러는 휴렛패커드 같은 기업 하나의 연매출 정도입니다.

　미술시장 총거래액의 절반이 아직 미술품 딜러와 갤러리를 통해 창출됩니다. 국제적인 갤러리와 미술품 딜러를 대상으로 한 설문조사에 따르면 2022년도에 이들이 거래한 금액은 총거래액 678억 달러 중 372억 달러로 절반 이상을 차지했습니다. 한편 공표된 연구 데이터에 의하면 경매 거래액은 306억 달러에 달했습니다.[3]

　온라인 매출이 증가하고 있으며, 무엇보다도 젊은 세대의 신규 고객을 창출하고 있습니다. 온라인 미술시장의 판매는 늘고 있으며, 코로나 팬데믹으로 가속된 디지털화가 그 이유입니다. 온라인 거래액은 2019년에서 2022년까지 85퍼센트 증가해 110억 달러로 추정됩니다.[4]

　크리스티, 소더비, 필립스의 순수 온라인 경매 판매액은 이제 10억 달러 벽을 넘어섰습니다. 이는 세계 미술시장 지각변동의 증거로 볼 수 있습니다. 즉 디지털화는 투명성을 확보합니다.

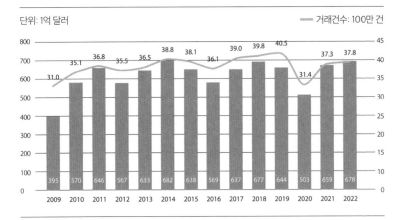

단위: 1억 달러 　　　　　　　　　　　　 ━━━ 거래건수: 100만 건

표 2.1 세계 미술시장 거래액, 2009~2022
출처: Arts Economics(2023)

미술시장은 국가 간 거래가 이루어지는 글로벌한 시장입니다. 대형 경매회사들의 거점인 런던, 뉴욕과 홍콩이 올드 마스터, 모던 및 컨템퍼러리 작품들이 경매되는 주요 장소입니다.

3대 경매시장인 미국, 영국과 중화권(타이완, 홍콩 포함)이 공개된 전체 경매 판매액에서 가장 큰 비중을 차지하고 있습니다.[5]

국가와 시장: 국가별로 다른 시장모델

미국에는 국가의 문화정책이 개입하지 않는 완전경쟁 시장모델이 존재합니다. 자유로운 시장조건으로 인해 뉴욕은 국제적 미술품 거래에 매력적인 곳입니다. 시장참가자들은 익명으로 움직여도 되고, 높은 커미션을 요구할 수도 있습니다.

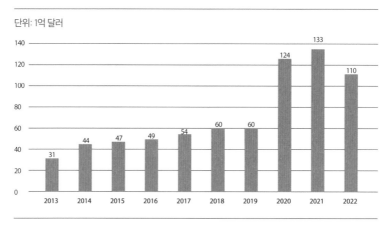

단위: 1억 달러

표 2.2 미술품과 골동품의 온라인시장 거래액, 2013~2022
출처: Arts Economics(2023)

한편 홍콩에는 세무적으로 특별히 유리한 여건이 조성되어 있습니다.

파리는 1950년대까지 국제 미술시장의 중심이었으나, 미술품에 대한 세금인상 조처 이후 프랑스는 아웃사이더가 돼버렸습니다. 프랑스 정부는 자국 미술품 판매 및 경매사업을 관리 조정하고 있습니다. 미술품에 대한 부가가치세는 20퍼센트로, 다른 나라(예를 들어 미국이나 홍콩)보다 높습니다. 그래서 파리가 시장에서 차지하는 비중은 크게 줄었지만, 이른바 브렉시트로 영국이 EU에서 탈퇴함에 따라 매력을 되찾고 있습니다. 그러나 아직도 영국이 미술시장 점유율 17퍼센트로 유럽에서 선두이며 세계 미술시장에서는 미국 다음이자 중화권보다 앞에 자리하고 있습니다.[6]

독일은 국제 미술시장에서 항상 아웃사이더입니다. 놀랍게도, 그

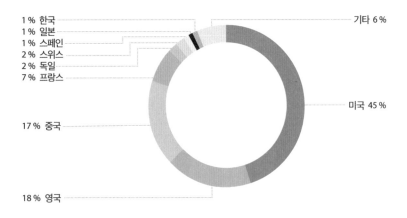

1 % 한국
1 % 일본
1 % 스페인
2 % 스위스
2 % 독일
7 % 프랑스
17 % 중국
18 % 영국

기타 6 %
미국 45 %

표 2.3 거래액에 따른 세계 미술시장 점유율, 2022
출처: Arts Economics(2023)

렇게 많은 국제적 작가들이 독일 출신임에도 말입니다. 뒤셀도르프 미술대학은 아직도 유럽에서 가장 중요한 회화 교육기관의 하나로 간주되며, 많은 외국 학생이 유학하고 있습니다.

2014년 미술품에 대한 부가세가 19퍼센트로 인상된 이후, 독일의 대형 컬렉터들은 런던이나 뉴욕 또는 홍콩에서도 구입하고 있습니다. 해외에서는 세금이 평균 7퍼센트 낮습니다. 게다가 독일에서는 작가 사회보장분담금이 계상됩니다.

컨템퍼러리 아트 시장은 전체 미술시장보다 크게 변하고 있다

2009년 이래 미술품과 골동품의 전 세계 거래는 눈에 띄게 증가하지는 않았지만(1장 참조), 컨템퍼러리 아트의 거래액과 그에 대한 관심은 현저히 높아졌습니다.

작품이 경매에 출품된 작가의 수는 2000년 5,400명에서 오늘날 3만 2,000명으로, 또한 경매에 출품된 작품은 1만 2,000점에서 12만 3,000점으로 증가했습니다.

20년 동안 컨템퍼러리 아트 시장에 참여하는 경매회사 수는 거의 두 배가 되었고, 경매된 작품 수는 무려 여섯 배에 이르렀습니다.[7]

중요 전시 플랫폼

베네치아 비엔날레Biennale와 카셀 도큐멘타Documenta는 컨템퍼러리 아트의 중요한 전시 플랫폼입니다. 이 두 이벤트는 판매행사가 아니지만, 대중의 관심을 얻고 특히 국제적인 주목을 받기 때문에 참여하는 작가들에게 성장기반을 제공합니다.

어떤 시장참여자들이 있는가

모든 미술시장참여자는 기본적으로 세 부류로 구분될 수 있습니다.

1. 미술품생산자
2. 미술품의 전통적 공급자 및 새로운 공급자(21세기 초 이후 인터넷의
   기능으로 새로운 공급자들이 추가됨)
3. 최종구매자

생산자	공급자	최종구매자
작가	갤러리	개인
	미술품 딜러	회사
	경매회사	미술협회
	갤러리/경매회사를 위한 집합 마켓플레이스	미술관
	직거래 마켓플레이스	국가기관
	NFT 마켓플레이스	
	토큰화된 미술품을 투자대상으로 공급하는 자	

표 2.4 미술시장참여자 구분

© Ruth Polleit Riechert

출처: Ruth Polleit Riechert, "Preisentwicklung und Marketing im zeitgenössischen Kunstmarkt des 21. Jahrhunderts von 2000 bis 2007, Schriften zur Kunstgeschichte", Dissertation(Hamburg: Verlag Dr. Kovac., 2013). 2021년 업데이트.

미술품생산자

작가

사실 미술시장에서 가장 중요한 참여자는 이제까지는 그 모습을 거의 드러낸 적이 없는 바로 작가 자신입니다.

작가artist라는 명칭은 법적으로 보호되지 않아 누구든 자신을 작가라 칭할 수 있습니다. 미술작가는 조소, 회화, 설치미술, 행위미술, 사진 및 디지털아트 분야를 선택할 수 있습니다. 유명 미술아카데미(미술대학)에서 수학할 수 있는 입학허가를 일단 받으면, 작가로서는 성공으로 가는 첫 번째 관문을 통과한 셈입니다. 그렇지만 많은 저명한 작가가 대학교육의 혜택을 전혀 받지 않은 것도 사실입니다.

오히려 결정적인 관건은, 작가가 자기 작품으로 대중의 관심을 끌고 미술시장에 진출하는 길을 찾느냐는 것입니다.

미술품을 만드는 기능 이외에 시장참여자로서 작가의 역할은 지난 세기 말 정도까지는 주로 갤러리와 협업하는 것으로 제한되었습니다. 작가가 갤러리와 계약으로 묶여 있다 해도 컬렉터들은 보다 저렴한 가격으로 구입하기를 원하며 기꺼이 작가 아틀리에를 방문하기도 합니다. 그러나 통상 프로 작가들은 시장에서 가격수준을 정상적으로 유지하기 위해 갤러리와 합의한 가격을 고수합니다.[8]

그런데 소셜미디어, 새로운 세일즈플랫폼 또는 아트페어에 직접 참가하는 방식으로, 이제는 작가에게도 스스로 마케팅할 수 있는 추가적 통로가 생겼습니다.

소비재에 있어서 브랜딩, 기업 이미지(CI) 구축 같은 콘셉트들이 오늘날에는 시장에서 작가의 성공에도 작동하고 있으며 이에 따라 법적으로 보호받는 지적재산권, 브랜딩이 작가의 소득원천이 될 수 있습니다.

미술과 비즈니스

미술작품과 관련해 '예술이 상품인가' 하는 문제가 자주 대두됩니다. 또는 '작가는 얼마나 상업적일 수 있는가' 하는 문제가 작가들에게 존재합니다. 여기 미술비평가 폴 테일러Paul Taylor가 1987년 4월《플래시 아트 매거진Flash Art Magazine》을 위해 앤디 워홀을 인터뷰했을 때 나온 이야기입니다.

폴 테일러: 당신이 상업작가commercial artist에서 순수작가real artist로 바뀐 것에 대해 말씀해주시겠어요?

앤디 워홀: 나는 아직 상업작가입니다. 나는 언제나 상업작가였고요.

폴 테일러: 그렇다면, 상업작가란 무엇입니까?

앤디 워홀: 모르겠습니다. 예술을 파는 사람이겠지요.

폴 테일러: 그러면 대부분의 작가는 상업작가네요, 정도만 다를 뿐.

앤디 워홀: 나는 그렇게 생각합니다.[9]

공급자

전통적인 시장참여자

갤러리들은 미술품의 1차시장을 결정합니다. 독일연방갤러리협회에 의하면, 미술품 거래 중개가 주업이며 매년 최소 4회의 새로운 전시회를 열고, 전시를 위해 대중에게 공개된 자체 공간이 있어야 갤러리라 할 수 있습니다. 전시공간은 최소 매주 20시간 열려 있어야 합니다. 2020년 독일 내 전문 갤러리는 약 700개로 추정됩니다.[10] 세계 124개 국가 3,533개 도시에 1만 9,000개의 갤러리가 있다고 추산되고 있습니다. 갤러리 움직임이 가장 활발한 곳은 미국, 영국, 독일입니다. 예전에는 작가들이 하나의 전속 갤러리와 일하며 추후 한두 군데 국외 갤러리를 추가했으나, 요즘에는 바로 다른 지역에 두 번째 갤러리나 국외 갤러리를 더해 협업합니다.

갤러리는 한 작가와 협업하기로 결정하면 장기협력에 관한 계약을 체결하고, 판매 시 커미션을 받기로 하고 작품을 인수합니다. 무명 신진작가의 경우 갤러리의 몫은 판매가의 30~60퍼센트가 됩니다. 작가 커리어 초기에는 작가의 이름보다 갤러리 이름이 더 중요하기도 합니다.[11]

대부분의 갤러리는 작가와 전속계약을 맺고 일하기를 원합니다. 비용이 만만치 않기 때문입니다. 전시회, 이벤트, 도록 인쇄, 보도자료 등에 선지급해야 하는 비용은 갤러리가 부담합니다. 대부분의 경우 갤러리에게는 판매가의 10퍼센트 정도만 수익으로 남게 됩니다. 팔린 작품이 없을 경우, 갤러리는 손실을 입습니다.

무명 작가에게는 이런 전속계약이 불리할 수도 있습니다. 갤러리가 한 지역에서만 집중해 일하며 국제적으로 여러 곳에서 활동하지 않는다면, 작가의 작품은 제한적으로만 알려지기 때문입니다.

무명 작가가 국제적으로 인정받게 되면 높은 수익을 가져올 수 있으나, 성공 확률이 1:1,000으로 비교적 희박합니다. 갤러리에서 작품을 선보인 작가 중 약 1퍼센트만이 향후 20년간 지속적으로 시장에서 버텨냅니다.[12]

미술품 딜러(미술상)는 모든 작가의 작품을 팔지만, 2차시장에 나온 작품을 주로 다룹니다. 즉 최소 한 명의 선소유자가 있었던 작품들입니다.

갤러리와는 달리, 미술품 딜러는 무명 작가를 육성하지 않습니다. 그러나 가장 결정적인 차이는, 미술품 딜러는 일반적으로 판매하려 하는 작품을 이미 구입해 소유권을 갖고 있다는 것입니다. 그러므로 그들은 대체로 잘 알려져 있고 이미 인정받은 작가들의 작품에서 선택지를 넓혀, 흔히 지난 사조 작품들을 팔려고 내놓습니다.

판매프로그램을 컨템퍼러리 아트로 넓히는 딜러들이 증가하고 있는데, 이는 그들의 전통적 고객들도 유행에 따라 컨템퍼러리 아트를 찾기 시작했기 때문입니다.

그 외에 미술품 딜러는 고객을 위한 중개자 역할을 맡으며, 고객을 대신해 경매에 참가하기도 합니다. 이것이 갤러리스트를 딜러라고 부르지 않는 이유이기도 합니다.[13]

이면에서는 딜러 역할을 하며 전면으로는 갤러리를 하는 혼합형태도 자주 있습니다. 작가를 시장에서 성장시키는 작업이 항상 이익을 보장해주는 것은 아니기 때문에, 갤러리는 신진작가와의 협업에 자금을 조달하기 위해 이면에서 자주 유명 작가의 클래식 작품을 거래하기도 합니다.

아트컨설턴트(아트어드바이저)는 개인이나 회사의 미술 관련 업무나 미술품 투자를 컨설팅합니다. 보통 아트컨설턴트는 작가, 갤러리나 미술관과 좋은 관계를 유지합니다. 그들은 자체 갤러리를 운영하지 않으며 통상 독립적으로, 또는 엄선된 갤러리들과 협력하여 컨설팅합니다.

하지만 점차 전통적 갤러리와 아트컨설팅의 경계가 흐려지고 있습니다. 점점 많은 갤러리가 아트컨설팅을 제공하고 미술관 디렉터들도 부수적인 업무로 컨설턴트 역할을 하고 있습니다.

1851년 첫 세계박람회를 기반으로 아트페어라는 아이디어가 생겨났습니다. 1920년 라이프치히 그라시메세^{Grassimesse Leipzig}(그라시 페어)에 처음으로 미술작품들이 출품되었습니다. 조형예술의 첫 아트페어는 1967년 쾰른에서 열렸습니다. 이는 1975년에 아트 쾰른^{Art Köln, Art Cologne}이 되었고, 지금까지도 현대미술에서 가장 중요한 아트페어 중 하나입니다.

아트페어는 통상 1년에 한 번 열리며 1980년대부터 세일즈플랫폼으로 큰 의미를 갖게 되었습니다. 유럽의 주요 대도시 대부분에는 자체 아트페어가 있습니다(예를 들면 런던의 프리즈^{Frieze}, 파리의 피악^{FIAC}, 마드리드의 아르코^{ARCO}).

요즘 컨템퍼러리 아트에서 가장 중요한 페어는 아트 바젤입니다. 마이애미 비치와 홍콩에 추가 거점을 마련한 비즈니스 모델은 아주 성공적인 것으로 입증되었습니다.

통상 아트페어에는 참가를 사전 신청하고 주최 측 패널의 별도 기준에 의해 선정된 갤러리들이 전시를 하게 됩니다. 갤러리로서는 가장 중요한 아트페어들에 참가하고 자신의 프로그램을 세계 곳곳의 광범위한 대중에게 알리는 것이 상업적 성공에 필수입니다.

1990년 이전에 아트페어는 50개 정도뿐이었지만, 근래에 전 세계적으로 아트페어의 수가 크게 증가했습니다. 2020년에는 365개 페어가 개최될 예정이었으나 코로나 팬데믹으로 인해 61퍼센트가 취소될 수밖에 없었습니다. 요즘에는 연간 약 300개의 아트페어와 비엔날레가 열리고 있습니다. 많은 아트페어가 온라인 뷰잉룸(OVR)Online Viewing Room이나 디지털 버전의 페어를 내놓았고 그로 인해 좋은 성과를 거두기도 합니다.[14]

또 다른 형태의 디지털화도 페어에서 장기적으로 의미가 있을 것입니다. 즉 가상현실(VR)Virtual Reality과 증강현실(AR)Augmented Reality이 미래의 테마가 될 것입니다.[15]

아트페어에서 판매를 위한 가장 중요한 이벤트는 갤러리가 초대하는 프리프리뷰Pre-Preview와 프리뷰Preview인데, 여기에 구매력 높은 고객들이 모입니다. 가장 재력 있는 고객들이 프리프리뷰에 초대받고, 구매 가능성이 높은 고객은 프리오프닝에, 나머지는 공식 오프닝에 초대됩니다. 이곳에서 이루어지는 일은 미술시장 또는 마케팅의 모든 규칙을 따릅니다. 잠재구매자를 더욱 강력하게 끌어들이기 위해 인위적 희소성을 만들어내는 것입니다.

그러다 보면 제일 좋은 작품들이 미리 팔려 중요한 거래는 오프닝과 동시에 이미 끝나버릴 수 있습니다. 페어 개막 후, 늦어도 폐막쯤 되면 갤러리 주인은 자리를 뜹니다. 그 자리는 판매 직원으로 대체되지요.

관심을 보인 고객이 작품을 구입하면, 즉시 가져갈 수도 있고 집으로 배송받기도 합니다. 팔린 작품 자리에는 다른 작품이 걸리게 됩니다.

> 학창시절 수년간, 낮이 짧아지고 음산해지는 계절이면 늘 '아트 쾰른'을 가보곤 했습니다. 그 당시 페어는 11월에 개최되었습니다. 많이 보고, 트렌드를 관찰했습니다. 학생인 제 예산에는 맞지 않아 구입한 적은 한 번도 없었습니다. 그러다 하루는 예쁜 그림을 찾아다니던 지인과 동행하게 되어 열심히 모든 부스를 구경 다녔습니다. 작은 사이즈 그림 하나가 갑자기 지인의 눈길을 사로잡았습니다. 유명 갤러리였는데, 한옆에 잘 보이지 않게 걸려 있었습니다. 가격표를 찾을 수 없어 얼마냐고 물었습니다. 얼마인지는 알 수 있었으나, 이미 예약이 되었다고 하더군요. 저희는 대기자 리스트에 올려졌고, 한 시간 후에 다시 한번 와보라는 이야기를 들었습니다. 다시 갔을 때 그림은 없었습니다. 팔린 것이었지요. 그 그림이 있던 자리에는 같은 작가의 아주 비슷한 다른 작품이 걸려 있었습니다. 그렇지만 사이즈가 같았음에도 가격은 더 비쌌습니다. 왜 그러냐고 물었습니다. 설명인즉 기법과 결과물이 다르다는데, 설득력이 없게 들렸습니다. 이 작가의 시장가격이 페어 기간에 오른 것이었을까요? 저희는 결국 아무것도 사지 않았습니다.

경매회사란 미술품을 소유자(예를 들면 미술품 딜러)를 대리해 경매에 부치는 영업주체입니다. 작품이 1차시장에서 성공적으로 거래되면 2차시장과 경매에서도 판매용으로 내놓을 수 있습니다. 이것이 작품이 시장에 등장하는 자연스러운 순서입니다. 작품 공급자의 대다수는 갤러리, 딜러 또는 컬렉터이며, 일반적으로 작가는 작품을 경매에 직접 내놓지 않습니다.

갤러리가 그런 것처럼 경매회사들에게도 현재 컨템퍼러리 아트의 가장 중요한 시장은 미국과 중화권입니다. 최고 경매낙찰가는 언제나 3대 경매회사인 크리스티, 소더비나 필립스에서 나오는데, 이는 아마도 3사가 뉴욕, 홍콩, 상하이에 지점이 있고 제일 많은 전문가와 제일 많은 마케팅 예산을 갖고 있기 때문일 것입니다.

경매행사를 홍보하기 위해 경매회사는 고객에게 발송할 카탈로그(인쇄물 또는 온라인)를 만듭니다. 소규모 경매회사들은 통상 1년에 두 번 컨템퍼러리 아트 옥션을 개최하는 반면, 대형 경매회사들은 점차 서로 다른 지역과 다양한 미술장르를 구분해가며 온라인과 오프라인으로 수백 차례 경매를 개최합니다. 작품은 경매 이전에 평가를 거쳐 가격이 추정됩니다.

추정가격estimted price은 유사한 작품이 달성한 과거 경매가격을 기반으로 합니다. 또한 경매위탁자consigner와 상호신뢰하에 그 이하로는 팔지 않을 하한가인 '내정가격reserved price'이 합의되는데, 이는 외부로 알려지지 않습니다.

사려는 의향이 있는 원매자는 특정 작품에 대해 사전에 가격을 제시(응찰)할 수 있습니다. 꼭 경매행사 현장에 참석할 필요는 없고, 본인의 응찰가를 경매회사에 문서로 제출할 수 있습니다. 경매가 시작되면 해당 작품, 즉 로트lot 원매자들의 모든 응찰가가 모이고, 추가로 현장 응찰자들의 가격들도 집계됩니다. 한 작품에 대해 세 번의 호가에도 응찰자가 나오지 않으면 경매사auctioneer는 이전에 나온 가장 높은 호가로 해당 작품 낙찰을 선언하고 망치hammer를 두드립니다. 그러므로 낙찰가격을 보통 해머프라이스hammer price라 부릅니다.

여기에 추가로 수수료와 세금이 붙습니다. 일반적으로 경매회사는 낙찰가에 회사의 마케팅 및 보험료를 포함하는 이른바 '프리미엄'을 더합니다. 배송, 복원 또는 프레임 작업 같은 기타 서비스에 대해서도 추가 비용이 발생합니다.

> **왜 작가는 자기 작품을 직접 경매에 내놓지 않을까?**
> 작가는 자신과 계약한 갤러리가 참여하는 1차시장을 건너뛰지 않는다는 불문율이 있습니다. 신진작가는 우선 1차시장에서 위상을 구축해 이름을 알려야 합니다. 그렇지 않으면 경매에서 좋은 판매 결과를 얻을 가능성이 거의 없습니다.
> 다만 데미안 허스트 같은 유명 작가는 아틀리에에서 직접 경매에 출품해 2008년 소더비에서 2억 달러 이상의 놀라운 가격에 낙찰시키기도 했습니다.

기술이 발전했음에도 미술품 '인터넷 경매'는 21세기 초까지만 해도 자리를 잡지 못했습니다. 적어도 높은 가격대 작품의 경우는 그랬습니다.

하지만 팬데믹으로 인해 상황이 바뀌었습니다. 이때부터 온라인 경매 공급자가 증가했을 뿐 아니라, 대형 경매회사들은 실시간으로 진행된 경매와 순수 온라인 비즈니스로 엄청난 성과를 기록하고 있습니다. 경매를 통한 온라인 비즈니스의 비중은 2022년에는 20퍼센트가 되었습니다.[16] 크리스티의 경우, 온라인 경매에 80개 국가의 고객이

접속한 적도 있으며, 그중 35퍼센트는 신규 고객이었습니다.[17]

따라서 서비스를 디지털화한 경매회사들이 코로나 위기의 최대 승자로 간주될 수 있습니다.

새로운 시장참여자

인터넷은 이미 21세기 초에 미술품에 대한 커뮤니케이션과 프레젠테이션을 세계화하고 단순화하기 시작했습니다. 종래의 비즈니스 모델은 변화했고 새로운 것들이 계속 추가되었습니다.

그래서 대부분의 전형적인 기존 시장참여자들, 즉 아날로그에 머물던 경매회사들과 갤러리들이 미술품을 판매하고 경매도 하는 자체 웹사이트를 구축했습니다. 코로나 팬데믹이 진행되는 동안 이러한 시도는 눈에 띄게 강화되었고 아트페어 역시 OVR 같은 온라인 버전을 만들었습니다. 여기에 더해 완전히 새로운 프레젠테이션 채널 및 판매 경로도 등장했습니다.

온라인으로만 운영되는 갤러리들은 직접 작가와 협업하며 그들의 작품을, 예를 들어 사치 아트Saatchi Art처럼, 디지털 방식으로만 판매합니다.

새로운 판매 플랫폼은 갤러리에 추가적인 디지털 판매 채널(제3자 공급자 플랫폼)을 제공하는데, 아트시Artsy를 예로 들 수 있습니다.

경매도 마찬가지입니다. 새로운 플랫폼인 온라인 경매회사가 생겨, 온라인 방식으로만 직접 경매를 진행합니다. 예를 들면 카타위키Catawiki, 아트넷Artnet과 아트프라이스Artprice가 있습니다.

또한 **제3자공급자**aggregator도 경매회사에 또 다른 추가적 영업 채널을 제공합니다. 라이브옥셔니어스Liveauctioneers, 퍼스트딥스1stdibs와 인밸류어블Invaluable을 예로 들 수 있습니다.

경매, 소매, 콘텐츠 제작, 데이터 및 기타 거래를 포함해 시장의 다양한 부분을 커버하는 온라인 마켓플레이스도 있습니다. 경매의 모든 결과를 제공하는 가장 잘 알려진 플랫폼 두 개는 아트넷과 아트프라이스입니다. 그 밖에 작가들과 미술품 구매관심자들의 네트워크를 기초로 하여 중개자 없이 직접 사고팔 가능성을 제공하는 라이브아트LiveArt나 페어아트페어Fair Art Fair 같은 마켓플레이스도 발달하고 있습니다.

아트프라이스의 설립자인 티에리 에르만Thierry Ehrmann에게 아트프라이스의 아이디어가 어떻게 나왔는지 이메일로 문의했습니다.

Q 아트프라이스를 1997년 설립했을 때, 그 당시의 비전은 무엇이었습니까? 혁신적 회사로 무엇을 이루고 싶었는지요?

A 저는 운 좋게도 조각가이자 미술사학자, 경제학자, 법학자이자 과학자입니다. 아버지는 아트 컬렉터였고 할아버지도 그랬습니다. 저는 오랫동안 레이몽드 물랭Raymonde Moulin과 같이 일했는데, 그녀는 레이몽 아롱Raymond Aron과 함께 1960~1970년대에 세계에서 처음으로 미술시장을 사회학·역사학적인 관점에서 묘사하고 문서로 정리한 사람입니다. 물랭의 분석 및 연구에 몰입한 후. 저는 그 프로젝트를 위해 4,500만 유로의 주주출자금을 모을 결심을 했습니다. 루이뷔통모에헤네시(LVMH) 그룹 회장인 베르나르 아르노Bernard Arnault는 미술에 대한 열정이 넘쳤기에 이상적인 파트너로 보였습니다. 우연한 일이지만, 그는

에콜 폴리테크니크에서 수학했는데 제 부친이 그를 가르쳤습니다.

1980년대에 저는 유럽, 북미, 아시아의 개인 및 국가 데이터뱅크의 조형예술 분야 모든 문서 아카이브를 모으기 시작했습니다. 1990년대 말에는 1700년대부터 당시까지의 미술 분야 문서 및 도록 45만 개에 달하는 세계 최대 컬렉션을 갖게 되었습니다. 이 수집자료들은 저에게는 마치 고대 알렉산드리아의 도서관 같았습니다. 저희는 수백만 개 미술품의 출처를 수십 년, 수백 년을 거슬러 올라가며 추적 조사했습니다. 이후에는 알고리즘을 사용해 로가리즘 접근방식으로 검증된 평가방법을 개발했습니다. 이런 이유로 저희의 '미술시장 지수artprice global index'가 오늘날 로이터나 블룸버그 같은 비즈니스 채널 화면에 보이는 것이지요. 7,200개 이상의 인쇄물 및 방송미디어에 게시되고 있습니다.

Q 초기에 구독자 수는 얼마나 되었고, 지금은 몇 명입니까? 미술품 컬렉터와 소비자 수는 향후 어떻게 변할까요?

A 현재는 뉴스레터와 데이터뱅크를 구독하는 450만 명의 회원이 있습니다. 저희는 미술시장 인구(미술품 소비자, 컬렉터, 애호가)를 5개 대륙에서 1억 2,000만으로 추산하고 있습니다. 2차대전 끝무렵에는 유럽과 북미의 컬렉터 50만 명뿐이었습니다.

Q 신규 컬렉터들에게 어떤 조언을 하시겠습니까? 그들은 미술시장에서 어떻게 자기 길을 찾아야 할까요?

A 독창적이라고 정의할 수 있는 소비재와, 어떤 매체든 정말로 독창적인 미술작품을 구분할 줄 알아야 합니다. 21세기에는 서구 인구의 70퍼센트가, 특히 디지털 도구에 액세스할 수 있기 때문에, 스스로를 '창조적creative'이라고 표현합니다. 그러나 창조적인 사람이 수억 명이어도 실제로 독창적인 예술가는 소수만

배출될 뿐입니다.

두 번째로는 미술사를 공부할 것을 진정으로 권합니다. 아주 학구적이기 때문에 어떤 사람에게는 고통스러운 과정이 될 수도 있으나, 컬렉션을 구축하기 위한 중요 기반을 제공해줍니다.

세 번째 조언은 젊은 시절의 실수를 부끄러워하지 말고 초기에 구매한 작품을 컬렉션에 같이 갖고 가라는 것입니다. 그렇게 해야만 아마추어든 전문 컬렉터든 안목을 높일 수 있고 스스로의 발전을 확인할 수 있습니다.

여기에 추가된 것이 대체불가능 토큰non-fungible token, 즉 NFT를 위한 마켓플레이스입니다. NFT란 블록체인에 저장된 디지털 또는 아날로그 미술품을 증권화한 것입니다. 이를 통해 디지털아트는 위조할 수 없게 되며 거래가 가능해집니다. 오픈시OpenSea, 니프티 게이트웨이Nifty Gateway 또는 슈퍼레어SuperRare 같은 플랫폼은 제3자 없이 작가와 구매자를 위한 투명한 가격의 거래를 가능하게 합니다.

소셜미디어 역시 미술시장이 새로운 타깃층에 콘텐츠를 전달하고 판매를 촉진하고자 활용하는 가장 중요한 채널 중 하나입니다. 특히 인스타그램이 작가와 갤러리를 위한 프레젠테이션 플랫폼으로 입증되었습니다. 작품에 시선을 끄는 수단으로 사진뿐만 아니라 라이브 투어나 인터뷰도 선호됩니다. 작가들은 여기에서 스스로를 소개할 수 있습니다. 팔로워 숫자는 평가에서 가치추정 근거가 됩니다. 예를 들어 영국의 스트리트아트 작가 뱅크시는 인스타그램 팔로워가 1,100만 명이 넘습니다.

최종구매자

개인 구매자 및 컬렉터

현대미술의 가장 유명한 국제적 컬렉터들로는 찰스 사치^{Charles} Saatchi, 미우치아 프라다^{Miuccia Prada}, 프랑수아 피노^{François Pinault}, 로널드 S. 로더^{Ronald S.Lauder}, 프란체스카 폰 합스부르크^{Francesca von Habsburg}, 믹 플릭^{Mick} Flick 등이 있습니다. 컬렉션을 위한 재정적 전제조건은 직업적 또는 개인적 배경에서 충족됩니다.

구매자 모두가 컬렉터가 될 이유는 없습니다. 예전에는 전문적 컬렉터만 존재했다면, 이제는 주변 환경을 위해 적당한 숫자의 미술품을 구매하는 사람들이 늘어나고 있습니다. 이들은 스스로를 컬렉터라 생각하지 않으며, 전시하는 것도 원하지 않습니다.

구매자나 컬렉터 그룹은 지향하는 바에 따라 구분됩니다. 개인 미술애호가는 스스로를 위해 수집하고, 공공 미술관련기관은 진시 용도로 수집하며, 후원자는 구입할 뿐만 아니라 (신진)작가와 그의 작업을 재정 지원하고, 투자자는 자산투자와 가치상승을 목적으로 구입합니다.

종전에는 컬렉터들이 자신의 취향을 좇아 어느 작가의 작품을 구입할지 주관적으로 결정했으나, 몇 년 사이에 새로운 컬렉터 유형이 생겨났습니다. 젊고 재력 있는 사람들이 미술에 대한 관심 때문에, 또는 투자나 이미지 관리를 이유로 컬렉션을 만들기로 결정하는 것입니다. 이들은 컬렉션 구성을 더 이상 혼자 하지 않고, 구매를 결정할 때 미술품전문가의 조언을 받습니다. 그리하여 마치 신규 비즈니스를 구축하듯, 컬렉션이 전략적·전문적으로 설계됩니다.

이런 컬렉션에서는 개인 성향이 보이지 않고 단지 당시의 미술시장이나 그에게 조언을 준 갤러리의 프로그램만 반영되는 단점이 있을 수 있습니다.

기업

대기업의 경우 예술이나 문화에 대한 지원은 '기업의 사회적 책임' 목록에 들어 있습니다. 방대한 미술품 컬렉션을 가진 기업으로는 UBS나 도이체방크, 뱅크오브아메리카, JP 모건체이스 같은 여러 은행과 타이캉 보험그룹, 삼성, 마이크로소프트 등을 꼽을 수 있습니다

기업이 수집한 미술품은 세 그룹이 보게 됩니다. 내부의 종업원과 고객그룹, 그리고 미술에 관심 있는 대중입니다. 대중은 컬렉션을 대여한 미술관이나 독일 뷔르트 그룹의 경우처럼 기업 자체 미술관을 통해 보게 됩니다. 미술품 구입은 일반적으로 목적을 위한 수단입니다. 종업원과 고객에는 특별대우를 제공하고 주주와 대중에게는 기업 이미지를 높여 궁극적으로 사업 성공을 돕는 것입니다.

개인 컬렉션에 추가되는 것과 마찬가지로, 기업 컬렉션으로 특정 작가 작품을 구입하는 것은 **프레스티지 효과**를 만들어내어 해당 작가의 가격상승을 불러오기도 합니다.

그러나 최근 몇몇 기업은 컬렉션에 있던 작품을 매각하거나 전략을 완전히 바꾸었습니다. 예를 들어 데체트방크의 사진 컬렉션은 2021년 4월 새로 설립된 재단으로 이관되었습니다.[18] 영국항공이나

도이체방크도 컬렉션에 있던 작품들을 2020년도에 매각했습니다. 예술을 지원하는 새로운 메디치 가문으로서 기업의 역할은 당분간 덜 중요해질 것으로 보입니다.

찰스 사치의 영향

찰스 사치(1943~)는 1990년부터 신진영국작가들Young British Artists(YBAs)의 작품을 구입해 1997년 전시회 '센세이션'을 개최했습니다. 이 전시회는 런던의 왕립 예술아카데미뿐만 아니라 함부르거 반호프 현대미술관이나 뉴욕 브루클린 박물관에서도 열렸습니다. 사치의 특징은 대규모로 구입한 작품들을 일정 기간 보유한 후 전시회와 출판물을 통한 마케팅으로 이익을 남기고 다시 매각하는 것이었습니다. 당시 사치는 작가들을 뉴욕과 런던에서 대리하던 래리 가고시안Larry Gagosian(미국 미술품 딜러, 갤러리스트)과 협력했습니다. 일례로 1998년 크리스티 경매에서 '센세이션' 전시의 YBAs 작품 128점이 160만 파운드에 낙찰되었는데, 이는 생존작가의 컨템퍼러리 아트가 처음으로 경매에 올려진 것이었습니다. 사치는 컬렉션에서 추린 작품들을 테이트 갤러리 근처에 2003년 오픈한 자신의 사치 갤러리에서 전시하고 있습니다. 2019년에 사치 갤러리는 개인 기부에 의존하는 비영리단체로 바뀌었습니다.

미술협회 및 미술관

미술협회는 지역에 기반을 두고 지역 미술을 대중에게 소개하는 공적 임무가 있습니다. 라인란트 베스트팔렌 미술협회Kunstverein für die Rheinlande und Westfalen 같은 매우 성공적인 협회의 전시회라면 한 작가의 커리어에 영향을 줄 수 있겠지만, 이렇게 미술을 소개하는 역할은 주로 지역적 범위에 국한됩니다.

미술관은 자체 컬렉션을 구축하는 반면 아트홀은 자신만의 컬렉션 없이 계속 다른 전시회를 엽니다. 미술관에는 미술품 수집, 보관, 전시 및 아카이빙이라는 사회적·미술사적 임무가 있습니다.

컨템퍼러리 아트 미술관이 한 신진작가에 주목하면 그의 작품을 전시하거나 구입해 작가 이력에 아주 중요한 영향을 주게 되는데, 이는 미술관이 대중 취향 형성에 결정적 역할을 하기 때문입니다. 일반적으로 작가는 유명 미술관에서의 전시를 통해, 회고전이라면 더욱, 커리어가 비약적으로 발전하는 것을 경험하게 됩니다.

컨템퍼러리 아트에서 중요한 4대 국제 미술관인 뉴욕 현대미술관(MoMA)이나 구겐하임, 파리 퐁피두센터나 런던의 테이트모던 갤러리에서의 개인전은 신진작가에게 지명도와 가치상승이라는 관점에서 최고의 영향력을 미칩니다. 작품은 미술관이라는 '프레임'에 얹혀 고귀해지고 가격도 상승합니다.

작가에게는 미술관에서 전시하는 네 가지 경로가 있습니다. 그룹전에 참여하거나, 개인전을 열거나, 미술관이 작품을 구입하거나, 개인 컬렉터가 작품을 미술관에 임대하는 방식입니다.

국가기관

국가기관은 미술작품의 직접적 구매자일 뿐만 아니라(예를 들어 영국의 정부 미술품컬렉션Government Art Collection), 작가들에게 장학보조금과 상금을 제공함으로써 미술품의 공급과 수요를 간접적으로 촉진하는 역할도 합니다.

수요 측면에서 국가기관은 예를 들어 미술품 구입 시 세금을 경감해주는 등의 역할을 하며, 독일에서는 갤러리에 전시회 개최나 아트페어 참가를 위한 보조금도 지급하고 있습니다.[19]

가격은 어떻게 정해지는가

미술시장에서 가격형성은 외부인에게는 예전이나 지금이나 커다란 미스터리로 보입니다. 미술품 가격은 작가의 경력 시작부터 1차시장, 2차시장을 지나 사망에 이르기까지 자주 변화합니다. 이 두 시장에서는 서로 다른 요인들이 가격을 결정하게 됩니다.

> **가격수준은 다음과 같이 구분될 수 있습니다.**
> • 재능 있는 젊은 작가들: 3,000~5,000달러에서 1만 달러까지
> • 이름이 알려진 중견 작가들: 10만 달러까지
> • 제일 잘 팔리는 작가 상위 100명: 100만 달러까지. 100만 달러 이상은 그중 최상위 소수.[20]

1차시장에서의 가격형성

커리어를 시작하며 작가는 스스로 작품의 가격을 정합니다. 이때 대체로 작가는 독일 대학에서 회화 부문에 적용되는 공식을 따르는데, 크기와 특정 승수factor로 작품가격을 산정하는 것입니다. (높이+폭)× 승수=작품가격. 대학 재학생이거나 졸업생으로서 작가는 승수를 직접 정합니다. 일반적으로 종합대학이나 미술대학(아카데미)을 마친 미술학도는 10~13을 승수로 택하게 됩니다. 매우 일반적이며 국제적으로 적용되는 다른 두 가지 공식도 있습니다. 즉 작품의 표면적에 특정 달러를 곱하는 것입니다. (높이+폭)×달러=작품가격. 또 다른 대안으로 시

간당 임금과 작업시간(시간당 임금×시간=작품가격)으로 계산할 수도 있습니다. 작가에게 중요한 것은 자신의 가격산정 방식을 항상 고수하고 일관성을 유지하는 것입니다.

작가가 갤러리와 계약을 맺게 되면 통상 갤러리는 승수를 올리고 그에 따라 작품가격도 올라갑니다. 여기에서 작가는 가격책정에 아직 관여할 수 있으나, 이후 시장에서는 더 이상 영향을 줄 수 없습니다. 이 단계에서는 제작비용과 가격 사이에 아직 연관성이 있지만, 예술적 평가가 상승하면 제작비용은 가격에서 지엽적인 요소일 뿐입니다.

작가는 이제 갤러리 전시회나 경우에 따라 아트페어에 작품을 선보이게 됩니다. 여기에서 작품이나 작가가 미디어의 평가를 통해 시장에서 알려지면, 이는 가격상승 가능성이 있음을 의미합니다.

젊은 작가들의 경우 흔히 갤러리들이 대학의 가격 시스템을 계속 적용하는데, 작가의 예술적 성취에 따라 승수를 올립니다. 여기에 갤러리의 홍보비용과 가격상승에 대한 시장의 기대라는 추가적 요소가 가격에 영향을 주게 됩니다.

반면 팝아트의 대표주자 중 한 명인 제프 쿤스Jeff Koons처럼 시장진입과 동시에 높은 가격을 요구한 작가들도 있습니다. 쿤스는 1980년대 미술시장 호황기에 자기 작품에 최고가를 붙이고 이미 명성이 있는 것처럼 행동했고, 그로 인해 크게 주목받았습니다.[21] 미술학적 인정은 그 후에 따라왔습니다. 만일 그가 높은 진입가격과 그로 인한 세상의 주목이 없었어도 성공했을지는 여전히 알 수 없습니다. 실제로 높은 가격은 작가의 매력과 작품의 성장잠재력을 증가시키니까요.[22]

컬렉터가 아틀리에로 작가를 방문해 작품을 직접 구매하더라도, 시장에서의 가격수준을 유지하기 위해 갤러리나 여타 판매처와 공식적으로 정해놓은 가격이 적용됩니다.

갤러리가 대리하는 모든 작가가 1차시장을 버텨내고 2차시장으로 진입하지는 못합니다. 선택은 딜러, 미술사학자, 평론가와 구매자가 하게 되는데, 그들은 구성, 기법, 내용 같은 학문적·역사적 기준과 크기, 상태, 서명 등 상품성 요소들에 따라 판별합니다.

따라서 1차시장에서 작품의 가격은 미적인 요소와 품질, 거래가치 및 상품성에 따라 결정됩니다.

승수 계산의 예

80㎝×40㎝(세로×가로) 크기 그림의 공식: (80+40)×승수=가격(세금 불포함)

승수가 10일 경우, 작품가격은 (80+40)×10=1,200유로

품질

이미 기술한 품질 요소에는 전문가 의견뿐만 아니라 전시회 참여 횟수와 미술전 수상 경력도 포함됩니다. 더욱이 작가가 다양한 기법을 구사한다면 일반적으로 좀 더 높게 평가받습니다. 작가의 작업에 지속성과 롱런 가능성이 보인다면, 알려진 지 얼마 안 되고 아직 폭넓은 작업을 하지 못한 작가보다 질적으로도 높은 평가를 받습니다.

그러나 이러한 측면은 전시 경력이나 수상 경력 없는 신진작가들이 초고가로 팔리는 미술시장의 요즘 동향으로 반박될 수 있습니

다. 그 예로 익명의 스트리트아티스트 뱅크시나 미술시장에서 성공을 거둔 후에야 큰 미술관 전시를 하게 된 독일 작가 네오 라우흐Neo Rauch(1960~)가 있습니다.

하지만 재능만으로는 충분하지 않습니다. 컨템퍼러리 아트 시장에서 특히 중요한 것은 작품의 참신함으로 측정할 수 있는 작가의 혁신 능력입니다.

뭔가 새로운 것을 만들어냄으로써(워홀-스크린 프린팅, 바젤리츠Georg Baselitz-거꾸로 세운 초상화, 구르스키Andreas Gursky-사진, 뱅크시-코믹 그라피티, 카우스 KAWS-장난감 모형) 작가는 동료와 차별화할 수 있고, 또 한편으로는 대중이 자신의 작품임을 알아볼 수 있는 트레이드마크를 개발하게 됩니다.

구매자와 컬렉터는 그러한 트레이드마크를 선호하는데, 그로 인해 사회에서 두드러져 보이고 지위상징status symbol으로 치장할 기회를 얻기 때문입니다.

과거 프랑크푸르트 슈테델 미술관의 현대미술 큐레이터였으며 현재 프리랜서 큐레이터이자 미술사학자인 이리스 하슬러Iris Hasler와 미술에서의 품질에 대해 이야기를 나눴습니다.

Q 어떤 기준에 따라 전시할 작가와 소장용으로 구입할 작품을 고르나요? 한 작품이 언제 '미술관 수준의 품질(뮤지엄 퀄리티)'을 갖게 됩니까?

A 일반화해서 말할 수는 없습니다. 예술적 포지션이 형식, 주제 또는 내용상 적

합할 수도 있고, 기존 컬렉션(의도)의 빈 부분을 채울 수 있거나 작가의 작업 이력 중 특정 요소를 조명할 수 있는 작품을 선정하기도 합니다. 좋은 작품들은 대개 다양한 아이디어를 주는데, 거기서부터 시작할 수 있습니다. 결국 어느 정도는 언제나 개인적 판단입니다.

Q 미술관과 미술시장이 (연관이 있다면) 어떻게 연관되어 있습니까?

A 미술시장보다 천천히 움직이며 별도의 할 일 즉 수집하고 보관하고 연구하고 전시하고 중개하는 일이 있지만, 미술관은 미술시장의 한 부분입니다. 갤러리, 경매장, 페어 방문은 흔히 아틀리에에서 바로 나오는 최신의 변화를 폭넓게 확인할 좋은 기회입니다. 유감스럽게도 근년의 가격상승은 미술관의 작품 구입을 점점 어렵게 하고 있습니다.

Q 젊은 컬렉터들은 작품을 구입할 때 무엇을 주의해야 할까요?

A 미술품을 사는 사람은 무엇이 '유행'이고 무엇이 '크게' 될지 귀로 듣는 대신, 눈으로 보고 또한 가슴으로 결정해야 합니다. 그리고 작품 상태가 양호한지, 만일 에디션이 있다면 얼마나 많은지도 살펴야 합니다.

Q 미술을 접하고 싶어 하는 새로운 관심자들과 초심자들에게 어떤 조언을 하십니까? 미술관은 어떤 기회를 제공합니까?

A 많이 보십시오, 편견 없이 그러나 비평적으로. 미술관과 아트하우스가 지원하는 협회나 동호회는 회원들에게 전시 가이드, 전시회나 페어 공동참관이나 미술여행 등의 특별 프로그램을 제공합니다. 그러한 동호인 그룹에서는 서로 잘 소통할 수 있고 새로운 지식을 얻을 수도 있습니다.

상품성

품질 이외에도 상품성이 작품의 가격형성을 위한 결정적 기준이 됩니다. 폭넓은 인구집단에 친숙하고 시류에도 맞는 주제는 예를 들어 종교적이거나 신화적 표현보다는 확실히 쉽게 팔릴 것입니다. 작품의 크기도 특별한 역할을 합니다. 과도하게 커다란 작품은 일반적으로 개인 구매자가 보관할 수 없습니다. 그래서 설치미술, 대지미술land art과 행위예술은 대중에게 인기가 있긴 하지만 시장에는 매력적이지 않습니다. 대안으로 스케치가 흔히 제시되는데, 예를 들어 포장미술가 크리스토Christo(1935~2020)는 자신이 진행한 프로젝트의 스케치를 팔았습니다.

전통적으로 작품의 재료 역시 가격에 영향을 줍니다. 특히 지난 수세기 동안은 재료가 비싸면 작품가격도 높은 것이 확연했습니다. 유화는 수채화보다 고가였고, 수채화는 판화보다 비쌌습니다.

그러나 컨템퍼러리 아트에서는 이 기준이 상대적으로 덜 중요해졌습니다. 1990년대에는 종이상자와 기름 같은 값싼 재료를 사용한 요제프 보이스Joseph Beuys의 작품이 높은 가격에 팔렸습니다.

상품성 판별기준
작품의 양식과 주제, 크기와 기법, 희소성, 참신함 등의 요소로 구성됩니다.

2007년에는 다시 데미안 허스트의 다이아몬드가 장식된 해골 〈신의 사랑을 위하여For the Love of God〉가 세간의 주목을 받았는데, 생존작가의 작품으로서는 최고가인 7,500만 유로에 매물이 나왔습니다. 재료 비용만 약 2,000만 유로로 추정됩니다.

일반적으로 재료 특성상 수명이 짧다고 여겨지는 작품은 100년이나 그 이상 오래갈 수 있는 작품보다 높은 가격을 받을 가능성이 적다고 할 수 있습니다. 그러므로 사진이나 판화는 회화보다 낮은 가격이 매겨집니다.

작품의 희소가치는 상품성에 또 하나의 결정적 기준입니다. 유화는 통상 유일무이하지만 판화는 여러 번 제작됩니다. 그래서 시장에서 매력적으로 남으려면 에디션이 300을 초과하지 않아야 합니다. 조각은 모티브당 25점을 넘으면 이미 희소가치를 잃게 됩니다.

전시회, 갤러리, 페어에서 자주 보일수록, 비평가들에 의해 빈번하게 기사화될수록, 그리고 비엔날레나 미술관에 전시될수록 작가의 작품 가치도 뚜렷하게 상승합니다.

이 단계에서는 유명 1급 갤러리가 작가를 처음 발굴했던 갤러리로부터 빼내 가는 일이 발생하기도 합니다. 이것은 추가 가격상승 가능성을 높이는데, 일반적으로 톱 갤러리는 훨씬 큰 네트워크와 고객층을 보유하고 있기 때문입니다. 또한 갤러리 이름 자체가 보증서처럼 보이기도 합니다. 톱 갤러리인 가고시안과 계약관계를 맺는 작가는 즉시 뚜렷한 가격상승을 보이는 것이 관찰됩니다.

예를 들어 알베르트 욀렌Albert Oehlen(1954~)은 2011년 가고시안으로 옮기고 갤러리가 그를 위해 시장을 구축한 후 작품이 뚜렷한 가격상승을 보였습니다. 미국작가 크리스토퍼 울Christopher Wool(1955~)도 가고시안에 들어간 후 가격상승이 있었습니다.

구매자가 지불하는 가격은 그 이후 작품의 기준가로 작용합니다. 작품이 일단 갤러리에게서 구매자에게 넘겨지면 작가는 재판매가격에 아무 영향도 줄 수 없습니다. 그러므로 2차시장의 딜러는 자기 판단에 따라 가격을 올릴 수 있습니다. 그러나 거래에서 실제 지불된 가격은 외부로 알려지지 않습니다.

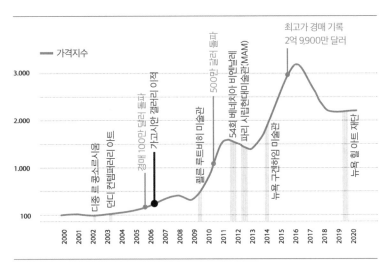

표 2.5 크리스토퍼 울의 가격지수

출처: © Artprice by Artmarket(2020), 20 Years of Contemporary Art Auction History, 2000-2020

2차시장에서의 가격형성

작가가 명성을 얻고 작품들이 성공적으로 판매되면 보통 그의 작품은 다른 갤러리나 미술상에서 팔리기도 하지만 경매에도 나오게 됩니다. 이렇게 해서 2차시장으로 진입하는 것입니다. 그러나 여기에서도 작가는 더 이상 작품가격에 영향력을 행사할 수 없습니다.

경매에 부칠 작품의 추정가격은 위탁자(개인 컬렉터, 딜러)의 기대치와 경매회사 전문가의 평가로 책정됩니다. 양측은 시작가나 최저 호가를 합의하는데, 통상 추정가격의 절반에 해당합니다. 이 가격으로 경매사는 작품 경매를 시작합니다.

내정가격은 외부로 알려지지 않는데, 대개 최저 추정가격의 10퍼센트 아래이며 작품 판매자가 그 밑으로는 팔려고 하지 않는 비공개 최저가격입니다.

크리스티, 소더비, 필립스 경매회사의 판매자 수수료는 작품 낙찰가격의 10~25퍼센트입니다.

구매자 수수료는 통상 낙찰가의 10~35퍼센트인데 유럽 평균은 25퍼센트입니다.

경매에서 낙찰되어 공시된 가격은 세금 및 수수료가 포함되지 않은 넷프라이스net price로, 구매자 수수료와 법정 부가가치세나 보험료, 저작추급권[재판매 보상청구권. 미술품이 거래될 때마다 작가나 상속권자가 작품 판매 금액의 일부를 청구할 수 있도록 한 양도 불능의 상속 가능한 권리.] 비용, 운송료 같은 기타 비용이 포함되어 있지 않습니다. 자세한 사항은 3장에 기술되어 있습니다.

작품의 소장 이력provenance은 경매회사에 특히 중요합니다. 즉 출처, 이전 소장자, 전시 등의 이력이 빠짐없이 표시되어야 합니다. 그렇지 않으면 진본 여부에 문제가 제기될 수 있으며 판매될 가능성이 낮아집니다.

작품이 제작된 경위나 재발견 사연 등 흥미 있는 내력pedigree을 갖고 있다면 판매가치는 더욱 높아질 수 있습니다. 예를 들어 경매회사 케터러 쿤스트는 흥미있는 이야기로 에밀 놀데Emil Nolde의 1919년작 〈나디아Nadja〉를 미디어에서 효과적으로 홍보할 수 있었습니다. 예전 베를린의 에른스트 라테나우Ernst Rathenau[바이마르공화국 외무장관 발터 라테나우의 조카] 소유였던 이 그림은 은행 금고 속에서 무사히 전쟁을 넘겼으나, 절도범의 손에 들어갔다가 30년 만에 한 다락방에서 다시 발견되었습니다. [2차대전 이후 베를린의 은행 금고에서 프라이부르크 운송회사 창고에 옮겨져 보관되던 이 그림은 1977년에서 1979년 사이에 분실되어 향방이 오리무중이었다. 2006년 여름 84세의 한 컬렉터가 본인 딸의 다락방에서 발견했다며 변호사를 통해 경찰에 제출했는데, 경찰 조사 결과 그 딸은 절도사건에 연루되어 있었으며 자살한 정황이 드러났다. 라테나우의 법정상속인은 그림을 경매에 내놓았다.] 2006년 경매에서 이 작품은 추정가격 120만~180만 유로의 거의 두 배인 215만 유로에 낙찰되었습니다.

작품의 전 소유주가 특별한 사람—예를 들어 지위가 높은 귀족—이었다면 이 역시 아주 매력적인 요소입니다.

미술시장에서 진본이라는 것은 오늘날에도 커다란 의미를 갖습니다. 과거에는 그렇지 않기도 했습니다. 17세기 네덜란드 미술시장에서는 복제품이나 작업실 작품[실제로는 유명 화가의 화실 도제나 문하생들이 만들어 화가의 이름으로 나온 작품]들이 유명 화가의 개별 작품처럼 잘 팔리기도 했습니다.[23]

오늘날에는 모작이라고 밝혀지면 그 작품은 가치를 완전히 잃을 수 있습니다. 그리하여 작가의 브랜드나 이름이 점차 중요한 의미를 갖게 되었습니다. 구매자에게 진본 구입은 어떤 특권적 이미지를 부여하는 지위상징을 소유하고 있음을 의미합니다.

철학자이자 문화비평가 발터 베냐민Walter Benjamin(1892~1940)의 유명한 논문『기술적 복제시대의 예술작품Das Kunstwerk im Zeitalter seiner technischen Reproduzierbarkeit』에 의하면 오리지널의 매력이 작품의 아우라와 유일성을 결정짓는다고 합니다.[24]

발터 베냐민의 에세이『기술적 복제시대의 예술작품』

발터 베냐민의 1936년『기술적 복제시대의 예술작품』은 20세기 가장 중요한 미학 논문 중 하나로 꼽힙니다. 이 논문은 영화, 사진과 아트프린트 같은 모던 미디어가 예술의 특성을 어떻게 변화시켰는지 설명하고 있습니다. 베냐민의 견해에 따르면 대량 복제를 통해 예술작품은 본래의 맥락에서 벗어납니다. 사진같이 기술적으로 복제 가능한 예술작품은 오리지널과 복제품의 구별이 어렵습니다. 예술작품의 복제는 그 아우라와 유일성을 파괴합니다.

그러나 최근에는 블록체인 테크놀로지의 도입을 통해 복제 가능한 미술품들도 다시 유일성을 갖게 되었습니다. 미술사는 또 하나의 새로운 장으로 들어가고 있습니다.

가격형성 요소로서의 인지도

작가가 유명할수록 그의 작품은 비쌉니다. 이는 2차시장의 경매회사나 1차시장의 갤러리나 미술상 모두에 적용됩니다. 작가에 대한 평가는 외부 요소들에 영향을 받습니다. 이미 유명하다면 다른 작품들도 높게 평가되고 선급 보너스도 받습니다.[25] 구매자는 소비재시장에서 보다 더 브랜드네임을 신뢰하고 그에 걸맞은 품질을 기대합니다.

대개 전문가들은 한 작가의 좋고 나쁜 작품을 구별할 수 있지만, 일반 대중은 단지 그 이름에 의존합니다. 반대로 말한다면, 작가가 유명하기만 하다면 기본적으로 무엇이든 만들어내어 팔 수 있다는 이야기입니다. 좋은 예가 앤디 워홀입니다. 워홀의 작품 대부분은 본인이 아니라 조수들에 의해 만들어졌음에도 브랜드 작품이 되어 비싼 가격에 팔릴 수 있었습니다.[26]

그 외에 유명인사를 묘사한 개별 작품들도 종종 높은 가격을 받습니다. 앤디 워홀의 유명인사 초상화들은 대중적으로 알려지지 않은 인사들의 것보다 훨씬 높은 가격에 거래되었습니다. 이미 도록에 실렸거나 특히 신문에 사진이 나왔다면, 그런 작품들도 더 높은 가격을 기대할 수 있습니다. 미디어에 공개됨으로써 폭넓은 대중에게 알려지고 따라서 인기를 얻게 됩니다. 그런 작품들은 대체로 가격이 상승합니다. 여기서 빠르고 전 세계적으로 파급효과가 있는 요인은 소셜미디어입니다. 공공건물이나 공공장소에 그린 뱅크시의 그라피티아트는 세계적으로 유명해졌고 이는 그의 프린트 그래픽 가격을 엄청나게 오르게 했습니다. 마틴 애커먼Martin Ackerman은 "우리는 존경하는 작가의 작품에

더 많은 금액을 지불하고, 더 많은 금액을 지불해야 하는 작가를 존경한다"고 했습니다.[27]

작가의 성공을 결정하는 사람들

미술시장은 이른바 키플레이어 또는 오피니언리더로 불리는 아주 작은 집단에 의해 결정되는데, 이 집단은 갤러리와 미술관 관련자, 컬렉터와 비평가 등으로 이루어집니다. 이들이 특정 작가가 훌륭하다고 평가하면, 그 작가는 미술시장에서 아주 빠르게 성공할 수 있습니다. 이는 마그누스 레시Magnus Resch 및 공저자들의 2018년 연구에서도 언급되었습니다.

이 오피니언 파워는 명백히 다음의 갤러리들과 미술관들이 장악하고 있습니다. 뉴욕 MoMA, 구겐하임 미술관, 가고시안 갤러리, 페이스 갤러리, 메트로폴리탄 미술관, 아트 인스티튜트 오브 시카고, 워싱턴 D.C.의 내셔널갤러리. 국제적으로 성공한 모든 작가는 이 네트워크 안에서 움직이고 있습니다.[28]

오피니언리더들은 다시 두 부류로 나눌 수 있습니다. 하나는 미술계 내부 관련자들의 의견에 영향을 행사하려는 부류이고, 또 하나는 미디어와 미술관을 통해 대중의 의견을 조정하려는 부류입니다.[29]

학자들과 비평가들도 특히 갤러리스트들이 작가의 성공 여부를 결정한다고 봅니다. 미술비평가 크리스티안 헤르헨뢰더Christian Herchenröder는 갤러리가 "세계 미술시장에 필수불가결한 한 기둥"이라고 말합니다.[30]

미술사학자 한스 벨팅Hans Belting은 한 걸음 더 나아가, 추후 미술사

에 어떤 작가와 어떤 작품이 올려질지를 개별 갤러리의 마케팅 전략
이 결정한다고 이야기합니다.[31]

의도적으로 작품을 구입하고 작가를 재정 지원함으로써 컬렉터도
미술시장에 확실하게 영향을 줄 수 있습니다. 그들은 거래체결을 신속
하게 결정하는데, 특히 미국 컬렉터들이 그렇습니다. 다수의 컬렉터가
한 작가에게 매료되었다면 그는 미국에서 아주 빨리 유명해질 수 있
습니다.

유럽 컬렉터들도 트렌드를 결정합니다. 이 역할에서 선구자는 이
미 언급한 찰스 사치였습니다.

아틀리에에서 경매 최고가 기록까지 가상의 그림 〈파란 꽃〉의 유통 경로

아틀리에에서 제작
작품 〈파란 꽃〉이 아틀리에에서 완성됩니다. 갤러리스트가 방문해 작품을 감정합니
다. 갤러리스트는 갤러리 전시를 위해 다양한 작품을 선정합니다. 그중 〈파란 꽃〉도
있습니다. 이 그림은 선정된 다른 작품들과 함께 픽업 운송됩니다.

1차시장 진출
1단계: 갤러리 전시
갤러리의 판매전시에 선보임으로써 미술시장 첫 단계에 들어섭니다. 1차 거래입니
다. 1차시장의 중요한 특징은 작품이 작가 아틀리에에서 곧바로 나왔다는 것입니다.
〈파란 꽃〉은 갤러리의 한 고객에게 팔립니다. 아주 가끔은 1차시장에서 바로 미술관
이나 기관으로—컨템퍼러리 아트 전문일 경우—팔릴 때도 있습니다.

2단계: 개인 소장

〈파란 꽃〉은 이제 개인 소유 상태에 있습니다. 구매자는 작품을 몇 년간 보유합니다. 한 미술협회 전시에 임대하기도 했습니다.

3단계: 상속

〈파란 꽃〉은 10년 후 구매자의 자식들에게 상속되었습니다. 자식들은 작품이 마음에 들지 않아 매각하고 싶습니다. 작가는 그동안 국제적으로 명성을 얻었고 이제는 여러 갤러리가 대리하고 있습니다. 소유자는 그중 한 갤러리에게 매각할지 또는 경매에 내놓을지 선택할 수 있습니다.

.

2차시장 진출

1단계: 국제적인 갤러리에 판매

상속인은 작품을 한 국제적 갤러리에 매각합니다. 작품은 이제 2차시장에 있습니다. 여기에서 중요한 점은 작품이 작가로부터 직접 나오지 않았다는 것입니다. 이때 국제적 갤러리란 실제 작품을 전시하는 갤러리가 아니라 국제적 딜러를 말합니다 (그렇지만 갤러리로 불리지요).

2단계: 개인 고객에 판매

딜러는 구매가격보다 훨씬 높은 가격으로 다른 개인 고객에게 판매합니다. 작품은 이제 다시 개인 소유가 됩니다. 그러던 중 작가가 한 미술관에서 개인전을 갖게 되고, 그림은 임대됩니다.

3단계: 경매

몇 해가 지난 뒤 소유자는 자신의 컬렉션을 재구성하려 합니다. 이 작가의 작품들은 이제는 훨씬 높은 가격에 나오고 있습니다. 초기 작품들은 특히 인기가 있습니다. 소유자는 다수의 감정가로부터 가격추정을 받아보았고, 경매에 내놓고 싶습니다. 컨템퍼러리 아트가 인기 있고 이 작가가 제일 좋은 가격을 기록한 뉴욕을 경매장소로 결정합니다. 그림은 경매 이전에 전시되고 전 세계에 홍보되었습니다. 경매 전에 이미 여러 오퍼를 받았습니다.

경매 중에도 아주 많은 전화와 현장 입찰이 있습니다. 호가는 계속 오릅니다. 그림은 기록적 가격에 낙찰되어 지금까지 작가의 작품 중 최고가 작품이 됩니다.

가격형성을 위한 기타 중요 요소들

경매가 어디서 열리는지도 결정적인 영향을 줍니다. 최고가는 뉴욕에서, 최근 몇 년간은 아시아에서도 나온 것으로 밝혀졌는데 이는 바로 그곳에 최고의 재력과 결단력을 가진 구매층이 있기 때문입니다. 예컨대 소더비는 2020년 최고 낙찰가 상위 10건 중 최고가 3건을 포함해 무려 6건을 홍콩에서 기록했습니다.[32]

작가의 사망도 미술시장에서 가격형성에 큰 역할을 합니다. 작업이 종료되고 더 이상 이루어질 수 없기에 시장에서 희소가치가 생기고 대개 단기적으로 또는 장기적으로 가격상승을 가져옵니다. 작가가 젊은 나이에 사망할수록 가격상승이 더 클 수 있습니다.[33]

이미 사망한 작가들의 많은 작품은 미술관에 있기 때문에 더 이상 매물이 아닙니다. 미술관에서 작품 하나가 시장에 나온다면 틀림없이 높은 가격을 기록할 겁니다. 한편 한 작품이 오랫동안 시장에 나오지 않았다면 시장신선도 기준을 충족하니 아주 매력적이게 됩니다. 작품이 막 팔린 후 바로 다시 시장에 나온다면, 좋은 가격을 받지 못하거나 아예 팔리지 않습니다.

복원되거나 수정된 작품은 당연히 가격이 낮아집니다. 라스베이거스의 부호이자 컬렉터 스티브 윈Steve Wynn은 2006년 자신이 소장한 피

카소 그림 〈꿈Le Rêve〉을 기록적 가격인 1억 3,900만 달러에 헤지펀드 매
니저 스티브 코언Steve Cohen에게 팔기로 합의했으나, 거래 기념파티에서
실수로 팔꿈치로 쳐서 그림을 훼손했고 그로 인해 거래는 일단 취소
되었습니다.[34] 장기적으로 보아서는 윈에게 행운이었습니다. 작품은
9만 달러를 들여 복원되었고 2013년에 1억 5,500만 달러에 다시 코언
에게 팔렸습니다.

종류, 시대, 양식, 장르, 기법에 관한 유용한 지식

'작가는─그 옛날부터 오늘날까지─도대체 무엇을 창작해내고, 또 소비자는 시장에서 어떤 선택을 할 수 있는가'라는 문제를 여기에서 다루게 됩니다.

계몽시대(1715~1789) 이래 사람들은 예술이란 대체로 순수예술의 표현양식이라고 이해해왔습니다. 여기에는 조형예술, 음악, 문학, 공연예술의 네 가지 카테고리가 있습니다.

조형예술 즉 미술은 다시 전통적 분야인 회화, 판화, 조각과 새로운 분야인 사진, 비디오 및 21세기 이후 예술형태로 인식된 디지털아트로 구분될 수 있습니다.

모든 미술작품은 무엇보다도 시간적·공간적으로(시대epoch) 분류될 수 있고 그 형식언어에 따라(양식style), 또는 작품의 주제나 모티브에 의거해(장르genre) 구분될 수 있습니다. 종류, 시대, 양식과 장르의 의미는 쉽사리 구별되지 않으며 서로 뒤섞이기도 합니다.

다양한 방법이 있겠지만, 미술시장에서는 모든 작품을 우선 창작시기 또는 기법적 구현에 따라 분류합니다.

여기에 집합적 의미 '수공예'로 같이 묶을 수 있는 가구, 은세공품, 도자기, 카펫 등의 추가적 분야가 더해집니다. 이들 역시 시대에 따라 분류됩니다.

시대별 양식과 전통적 표현방식

고대의 작품을 제외하면 미술시장은 미술사 전체를 거의 다 아우를 수 있습니다. 다음의 시장부문으로 구별됩니다.

- 올드 마스터(대략 1300~1800년)
- 19세기(대략 1800~1880년)
- 모더니즘(1880~1945년)
- 디지털아트를 포함한 현대미술 (1945년~현재)

이 범위는 다시 개별 시대로 구분되며, 이렇게 세분된 시대가 흔히 컬렉션 부문이 되기도 합니다.

어떤 미술시대와 양식이 있는가?

미술시대는 특정한 시기에만 연관된 것이 아니라 대개 미술양식이라는 특정한 표현방식과도 연계됩니다. 예를 들어 표현주의는 특정한 시대뿐 아니라 특정한 양식까지 의미합니다. 작가들은 흔히 복수의 시대나 양식으로 분류될 수 있습니다.

올드 마스터

다음의 개별 양식들이 시장부문 '올드 마스터'(1300~1800년)에 속합니다.

1300년 　　　　　　　　　　　　　　　　1400년

고딕gothic(대략 12~16세기)

• 제일 잘 알려진 건축, 부조 및 (유리)회화로 구성된 총체적 예술작품인 대성당

• 시장에서 거래되는 개별 작품 작가들: 히에로니무스 판 아켄 보스Hieronymus van Aken Bosch(1450~1516경), 프란체스코 조토 디본도네Francesco Giotto di Bondone (1266~1337)

르네상스renaissance (대략 1420년 피렌체~1520년)

• 그리스 로마 고대미술의 부활

• 인간 능력의 극대화(휴머니즘)

• 유명 작가: 레오나르도 다빈치Leonardo da Vinci(1452~1519), 미켈란젤로Michelangelo (1475~1564), 티치아노 베첼리오Tiziano Vecellio(1485~1576), 산드로 보티첼리Sandro Botticelli(1445~1510경), 도나텔로Donatello(1386~1466경)

매너리즘mannerism[이탈리아어로는 마니에리스모manierismo](대략 1520~1600년, 이탈리아에서는 부분적으로 더 늦게까지)

• 르네상스 후기에서 바로크로 넘어가는 과도기

• 미켈란젤로 후기 작품을 설명하기 위해 화가이자 미술사가인 조르조 바사리 Giorgio Vasari(1511~1574)가 사용한 '마니에라 디 미켈란젤로maniera di Michelangelo(미켈란젤로 스타일)'에서 나온 개념.

• 유명 작가: 미켈란젤로, 엘 그레코El Greco(1541~1614), 틴토레토Tintoretto (1518~1594)

1500년   1700년

바로크 baroque (16세기 말~1760년경)

- 많은 장식적 요소, 풍부한 재료 사용, 대형 국가 초상화 등 웅장한 조형으로 표현
- 올드 마스터 시장부문의 거장과 유명 작가: 렘브란트 하르먼스 판 레인 Rembrandt Harmensz van Rijn(1606~1669), 페테르 파울 루벤스 Peter Paul Rubens(1577~1640), 미켈란젤로 메리시 카라바조 Michelangelo Merisi Caravaggio(1570/71?~1610), 얀 페르메이르 Jan Vermeer(1632~1675)

로코코 rococo (1725~1780년경)

- 바로크의 후기 형태. 교회나 성의 건축물이나 도자기같이 작은 미술작품에서 나타나는 유희적이고 풍성한 장식이 특징.
- 드로잉과 회화 부문의 유명 작가: 장 앙투안 바토 Jean Antoine Watteau(1684~1721), 토머스 게인즈버러 Thomas Gainsborough(1727~1788)

고전주의 classicism (1770~1840년경)[신고전주의 neoclassicism 로 분류하기도 한다]

- 고전을 지향, 명료한 선, 단순화한 형태, 엄격한 구조
- 유명 작가: 조각가 요한 고트프리드 샤도 Johann Gottfried Schadow(1764~1850), 화가 마리아 아나 앙겔리카 카우프만 Maria Anna Kaufmann(1742~1807)

19세기 미술

19세기(1800~1880년경)의 시장부문은 특히 낭만주의, 현실주의 또는 자연주의 작품으로 대표됩니다.

1750년   1800년

낭만주의romanticism(18세기 말~19세기 중반)

• 정서에 중점을 두며, 과거와 자연의 낭만적 변형이 특징

• 유명 작가: 외젠 들라크루아Eugene Delacroix(1798~1863), 카스파르 다비트 프리드

리히Caspar David Friedrich(1774~1840), 윌리엄 터너William Turner(1775~1851)

사실주의realism **또는 자연주의**naturalism(19세기 중반~1925년경)

• 자연이나 당대의 삶을 정확하게 그리며 꾸미지 않고 표현한 것이 특징

• 유명 작가: 귀스타브 쿠르베Gustave Courbet(1819~1877), 아돌프 멘젤Adolf

Menzel(1815~1905), 미국 사실주의의 에드워드 호퍼Edward Hopper(1882~1967)

모더니즘modernism[독일에서는 클래식 모더니즘Klassische Moderne으로 표현]

미술시장의 한 부분으로서 모더니즘은 통상 시기적으로 1880년부터 1945년까지를 말합니다. 모더니즘에는 다양한 유파가 있습니다. 예를 들어 인상주의, 점묘파, 상징주의, 아르누보, 표현주의, 야수파, 입체파, 미래파, 다다이즘, 초현실주의, 순수주의, 구성주의, 신조형주의, 아르데코, 바우하우스, 신즉물주의, 추상표현주의, 앵포르멜, 아르브뤼, 기능주의, 나이브 아트 등이 있습니다. 모더니즘의 유명 작가그룹으로는 뮌헨에서 결성된 '청기사파Der Blaue Reiter'와 드레스덴에서 탄생한 '다리파Die Brücke'가 있습니다.

인상주의impressionism(19세기 후반~19세기 말)

• 순간의 포착을 추구. 짧고 거친 붓 터치와 서로 녹아들어가는 색감이 특징.

1850년   1900년

- 유명 작가: 클로드 모네Claude Monet(1840~1926), 에두아르 마네Eduard Manet(1832~1883), 피에르오귀스트 르누아르Pierre-Auguste Renoir(1841~1919)

상징주의symbolism(19세기 말~1920년경)

- 특정 메시지 전달을 위해 상징과 은유를 사용
- 유명 작가: 오딜롱 르동Odilon Redon(1840~1916)

아르누보art nouveau(유겐트 양식Jugendstil, 19세기 말~20세기 초)

- 꽃으로 장식한 추상적 표현, 화려한 흐르는 선, 기하학적 형태로 식별 가능
- 유명 작가: 프란츠 폰 슈투크Franz von Stuck(1863~1928), 구스타프 클림트Gustav Klimt(1862~1918)

표현주의expressionism(19세기 말~1914년경)

- 작가들은 내면의 감정을 직접적으로 표현하려 했으며, 표현주의를 '고양된 표현의 예술'이라 생각
- 유명 작품: 에드바르 뭉크Edvard Munch (1863~1944)의 〈절규The Scream〉(1980)
- 유명 작가: 바실리 칸딘스키(1866~1944), 앙리 마티스Henri Matisse(1869~1954), 에밀 놀데(1867~1956), 프란츠 마르크Franz Marc(1880~1916), 에리히 헤켈Erich Hekel(1883~1970), 아우구스트 마케August Macke(1887~1914), 에른스트 루트비히 키르히너Ernst Ludwig Kirchner(1880~1938)

1900년 ———————————————— 1920년

입체파cubism(1906년경 프랑스~1914년)

• 대상을 공, 원뿔, 피라미드 같은 기하학적 형태로 단순화

• 유명 작가: 파블로 피카소(1881~1973), 조르주 브라크Georges Braque(1882~1963), 후
안 그리스Juan Gris(1887~1927)

미래파futurism(1909년 이탈리아~부분적으로 1945년)

• 새로운 테크놀로지와 도시의 모더니즘을 대상으로 함

• 유명 작가: 움베르토 보초니Umberto Boccioni(1882~1916), 카를로 카라Carlo
Carrà(1881~1966)

다다이즘dadaism(1916~1920년경)

• 1차대전에 반대해 기존 미술을 거부하고 사진 몽타주, 신문기사 조각과 일상
생활 물품의 콜라주 등 새로운 표현방식 추구

• 1916년 스위스에 망명 중이던 일단의 예술가들이 이 운동을 시작

• 유명 작가: 쿠르트 슈비터스Kurt Schwitters(1887~1948), 한스 아르프Hans
Arp(1886~1966), 소피 토이베르아르프Sophie Taeuber-Arp(1889~1943), 마르셀 뒤샹
Marcel Duchamp(1887~1968)

초현실주의surrealism(1920~1930년경)

• 몽환적이고 무의식적인 것을 묘사

• 유명 작가: 막스 에른스트Max Ernst(1891~1976), 살바도르 달리Salvador Dali
(1904~1989), 르네 마그리트Rene Magritte(1898~1967)

1920년   1940년

신즉물주의 Neue Sachlichkeit (1925년경 독일~1960년대 중반)

- 사회비평적 주제, 전통적 기법을 사용한 사실적 화풍
- 유명 작가: 오토 딕스 Otto Dix(1891~1969), 조지 그로스 George Grosz(1893~1959), 막스 베크만 Max Beckmann(1884~1950)

컨템퍼러리 아트

미술시장의 마지막이자 현재 영역은 컨템퍼러리 아트(1945년부터 현재까지)인데, 아직 생존해 있는 작가의 작품이 대부분입니다. 포스트모더니즘에서 시작된 이 시대에는 다음과 같은 사조가 있습니다.

추상표현주의 abstract expressionism (1940년대 후반~1960년대 초)

- 미국 및 유럽 전후 미술의 추상적 양식을 지칭하는 포괄적 용어
- 몸을 크게 움직이며 리듬감 있게 붓질을 해서 붓 터치와 물감의 흔적이 눈에 띄는 것이 특징(행위적 추상 gestural abstraction, 액션 페인팅 action painting)
- 유명 작가: 잭슨 폴록 Jackson Pollock(1912~1956), 마크 로스코 Mark Rothko (1903~1970), 빌름 데 쿠닝 Willem de Kooning(1904~1997), 헬렌 프랑켄탈러 Helen Frankenthaler(1928~2011)

타시즘 tachism / 앵포르멜 informel (1950~1965)

- 미국 표현주의, 특히 추상회화의 유럽 유형
- 유명 작가: 에른스트 빌헬름 나이 Ernst Wilhelm Nay(1902~1968), 카를 오토 괴츠 Karl Otto Götz(1914~2017), 한스 아르퉁 Hans Hartung(1904~1989)

1950년   1960년

옵아트 optical art (1955~1970)

- 기하학적 색깔 평면을 사용해 착시를 일으키는 추상미술 사조
- 유명 작가: 빅토르 바자렐리 Victor Vasarely(1906~1996), 브리짓 라일리 Bridget Riley(1931~), 바넷 뉴먼 Barnett Newman(1905~1970), 프랭크 스텔라 Frank Stella(1936~)

신사실주의 new realism (1960~1975)

- 팝아트의 선구 사조, 일상생활의 신변잡화를 작품에 도입
- 유명 작가: 이브 클랭 Yves Klein(1928~1962), 로버트 라우션버그 Robert Rauschenberg(1925~2008)

팝아트 pop art (1950년대 중반 영국과 미국에서 동시에 시작~1960년대 말)

- 미술과 일상생활, 특히 소비재를 연결함
- 특히 포스터와 일러스트 같은 표현
- 미술은 누구에게나 접근 가능해야 한다고 주장
- 유명 작가: 앤디 워홀(1928~1987), 로이 리히텐슈타인 Roy Lichtenstein(1923~1997), 키스 해링(1958~1990)

미니멀아트 minimal art (1965~1980)

- 표현 수단을 최소화하고 형태를 축약해 강렬하게 표현
- 유명 작가: 댄 플래빈 Dan Flavin(1933~1996), 솔 르윗 Sol LeWitt(1928~2007), 도널드 저드 Donald Judd(1928~1994)

1960년   1970년

개념미술conceptual art(1970~1980)

• 작품을 통해 표현될 개념에 집중

• 작품은 단지 매체일 뿐 의미 없음

• 유명 작가: 요제프 보이스Joseph Beuys(1921~1986), 다니엘 뷔랑Daniel Buren(1938~),

하네 다르보벤Hanne Darboven(1941~2009)

신표현주의neo expressionism(1980~1989)

• 구상화의 부활

• 추상표현주의에 반대

• 독일, 특히 베를린의 '융게 빌데Junge Wilde' 작가그룹이 시작

• 표현력 풍부한 색조의 구상회화로 흔히 행위적이고 즉흥적인 페인팅 방식으

로 창작됨

• 유명 작가: 게오르크 바젤리츠(1938~), 게르하르트 리히터Gerhard Richter(1932~),

마르쿠스 뤼페르츠Markus Lüpertz(1941~), 알베르트 욀렌(1954~), A. R. 펭크

A. R. Penck(1939~2017), 율리안 슈나벨Julian Schnabel(1951~), 안젤름 키퍼Anselm

Kiefer(1945~), 프란체스코 클레멘테Francesco Clemente(1952~)

1980년   1990년

미술시장에서 통용되는, 꼭 알아두어야 할 실제적이고 중요한 카테고리를 소개합니다. 어떤 조류가 미술사에서 오래 지속될지는 미래가 알려줄 것입니다.

사진미술(1900년대 초~)

• 모던 포토그래피의 탄생은 사진 제작에 중요한 미학적 전환을 가져왔으며 사진이 제작되고 활용되고 평가받는 방식도 변화시켰음. 모던 포토그래피는 1900년대초부터 1960년대까지의 사진 매체 발전을 다룸. 앨프리드 스티글리츠Alfred Stieglitz, 만 레이Man Ray, 아우구스트 잔더August Sander가 이 시기에 속함. 컨템퍼러리 사진에서는 신디 셔먼Cindy Sherman, 베른트 베허와 힐라 베허Bernd & Hilla Becher, 안드레아스 구르스키, 토마스 루프Thomas Ruff를 들 수 있음. 사진을 구입하려 한다면, 에디션 관리가 1970년대에야 일반화되었음을 주의할 것. 이른바 '레이터 프린트later prints'나 '유산 프린트estate prints[유산인 네거티브 필름을 관리하는 재단 등이 전문가에게 의뢰해 인화한 사진. 대개 재단의 스탬프와 상속인의 서명이 포함됨]' 또는 '사후 프린트posthumous prints'가 아닌, 네거티브 필름이 만들어진 시기에 사진작가가 직접 관리, 제작한 '빈티지 프린트vintage prints'에 초점을 두어야 함.

스트리트아트street art & 그라피티아트graffiti art(1967년~)

• 스트리트아트(또는 어반아트)는 공공장소에 만들어지고 보여지는 미술. 대개는 건물 벽면 같은 빈 공간에 강렬한 색채로 그려지며, 작가가 스프레이를 사용하면 그라피티 아트. 공공 벽면의 스트리트아트는 '벽화mural painting, wall painting'라고도 표현됨.

1900년

현재

- 스트리트아트의 기원은 1920년대. 그 당시 멕시코에서 처음으로 공공 벽면에 정치적 메시지가 그려졌으며, 유럽에서는 첫 번째 그라피티 작품이 1930년대 파리에 등장. 스트리트아트는 1960년대에 뉴욕 브롱크스에서 점점 발전. 스트리트아트의 의도는 사유를 자극하는 예술에 모든 사람이 무료로 접근할 수 있게 하는 것. 예전에는 공공 공간에서의 예술을 확산시키려 하는 그라피티 & 스트리트아트 잡지도 있었지만, 스트리트아트는 대개 현장을 찾는 사람들만 볼 수 있었음. 그러나 최근 몇 년간은 인터넷의 발달에 따라 특히 소셜미디어에서 이 미술 양식이 기하급수적으로 확산됨.
- 유명 작가: 키스 해링(1958~1900), 장 미셸 바스키아(1960~1988), 뱅크시(1973/74?~)

비디오아트^{video art}(1960년대 초~)

- 비디오는 소니사가 처음 소비자용 저렴한 기계를 만들어냈던 1960년대 초부터 작가들에게 새로운 표현 매체가 되었음.
- 유명 작가: 백남준(1932~2006), 브루스 나우먼^{Bruce Nauman}(1941~), 존 발데사리 John Baldessari(1931~2020)

디지털아트^{digital art}(1980년대~)

- 디지털아트(컴퓨터아트 또는 뉴미디어아트)는 컴퓨터 지원 디지털 기술로 만들어진 작품을 의미하는 포괄적 표현. 그래서 디지털아트와 컴퓨터아트의 의미가 흔히 연계되어 사용.
- 디지털아트는 미디어아트의 한 방향. 컴퓨터로 만들어진 작품뿐만 아니라 특히 인터넷과 관련된 작품들도 포함. 인터넷 관련 작품들은 인터넷을 재료이자 대화

1960년   1990년

의 장으로 이용하므로 넷아트$^{net\ art}$라고도 불림.

- 컴퓨터아트는 이미 1980년대에 생겼으나 넷아트의 발달은 1990년대에 들어 시작, 2000년대에는 컴퓨터그래픽과 화상처리 소프트웨어들로 멀티미디어 아트가 더욱 발전.

- 디지털아트는 미디어 및 그 영역한계를 다루고, 넷아트는 더 나아가 인터넷을 소통수단으로 사용하며 이 미디어가 사회에 미치는 영향을 반영.

- 테크놀로지가 계속 발전하므로 디지털아트는 지속적인 변화 속에 있음.

- 주요 작가: 아그네스 헤게뒤스$^{Agnes\ Heged\ddot{u}s}$(1964~), 마체이 비스니에브스키 $^{Maciej\ Wisniewski}$(1959~) 더크 페스망$^{Dirk\ Paesmans}$(1965~), 요안 헤임스케르크^{Joan} ^{Heemskerk}(1968~)

크립토아트$^{crypto\ art}$ (2010년대 중반~)

- 블록체인 테크놀로지와 연관된 모든 아트는 크립토아트로 불리며, 2010년대 중반 비트코인^{Bitcoin}, 이더리움^{Ethereum} 같은 블록체인 네트워크 발전에 연계해 탄생. 크립토아트는 급속히 인기를 얻었는데, 이는 기반 기술이 공급자의 순수 디지털 작품을 탈중앙화된 방법으로 팔 수 있게 하고 또 관심 있는 누구든 구매하고 수집할 수 있도록 지원하기 때문.

- 유명 스튜디오와 유명 작가: 비플^{Beeple}-마이크 윈켈만$^{Mike\ Winkelmann}$(1981~), 라 바랩스$^{Larva\ Labs}$-매트 홀$^{Matt\ Hall}$.존 왓킨슨$^{John\ Watkinson}$, 유가랩스 팩$^{Yuga\ Labs}$ ^{Pak}-익명 작가 또는 익명의 작가그룹, 매드 도그 존스$^{Mad\ Dog\ Jones}$-미카 도우박 $^{Michah\ Dowbak}$(1985~)

2000년   현재

회화의 장르

'장르'라는 개념은 두 가지 의미가 있습니다. 하나는 그림의 유형이나 카테고리를 지칭하고, 또 하나는 특정 그림의 내용이나 주제를 의미합니다. 이 개념은 17세기까지 거슬러 올라가 적용됩니다.

거기서부터 시작하지요. 그림을 유형별로 구분하는 방법은 이탈리아 르네상스를 계기로 16세기 초 유럽의 주요 아카데미들에 도입되었습니다. 이는 프랑스 아카데미 서기였던 미술이론가 앙드레 펠리비앙 André Féllibien(1619~1695)을 통해 1669년 처음으로 소개되었습니다. 이런 의미의 장르 개념은 19세기 초까지 사용되었으며 그 서열은 다음과 같습니다.

- 역사화 history painting
- 인물화 portrait painting
- 풍속화 genre painting, scenes of everyday life

- 풍경화 landscape
- 동물화 animal painting
- 정물화 still life

이 순서는 인간을 만물의 척도로 삼은 이탈리아 르네상스 시대의 사고를 보여줍니다.

역사화는 중요한 역사적·우화적·신화적·종교적 사건을 다루며 인간의 역사를 묘사하기 때문에 가장 상위 카테고리였습니다. 반면 풍경화, 동물화, 정물화는 인간에 관한 모티브가 없으므로 제일 낮은 자리에 놓였습니다. 또한 이 아카데미에서의 순위는 전시 가치도 반영했습니다.

역사화는 규격부터 가장 컸으며 공공 전시에 가장 적합한 장르였습니다. 그 뒤를 인물화, 풍속화 및 풍경화가 이었는데, 정물화는 일반적으로 가장 작았으며 가정용으로만 그려졌습니다. 작가는 정물화를 위해서는 능력을 모두 보여줄 필요가 없었던 반면, 역사화에서는 예를 들어 움직이는 순간을 포착하는 등 아카데미 체제에서 습득한 모든 역량의 최대치를 드러냈습니다.

인물화는 아카데미의 서열에서 두 번째로 높았습니다. 특히 영웅적 인물과 개인 초상 그리고 자화상이 여기에 포함됩니다. 미술학도들은 인물을 묘사하고 명암의 조화를 다루는 것을 익히기 위해 엄격한 교육과정을 거쳤습니다.

풍속화는 역사화와 달리 일상생활을 묘사하며 대개 실내장면을 다룹니다. 일반적으로 풍속화에서는 특정한 활동을 하고 있는 사람을 볼 수 있습니다.

풍경화는 네 번째 위치에 있었습니다. 풍경화는 사람의 모습이 필요하지 않으며 앞의 세 가지 그림보다 기술적 능력이 낮아도 그릴 수 있습니다. 여기에는 도시 파노라마, 호수나 물이 있는 풍경이 포함됩니다.

아카데미 미술 전성기 한때 말 그림이 많은 인기를 얻었고, 그 결과 기존의 순위에 **동물화**라는 새로운 장르가 추가되었습니다.

정물화는 순위가 가장 낮은 장르로 꼽힙니다. 꽃, 과일이나 음식, 또는 단순히 조리기구나 포크와 나이프 같은 사물의 묘사가 이에 해당합니다. 정물화는 대개 작은 사이즈의 그림입니다. 정물화 역시 기술적으로 흠 없이 그려져야 하지만 모든 구성요소가 살아 움직이지 않기에 최소한의 전문 지식만 요구되었습니다. 그런 이유로 많은 사람이 정물화를 그릴 수 있었습니다.

19세기 말까지는 당시 삶의 풍경이 정물화의 표현 대상이 되었습니다.

어떤 종류의 미술품을 선택할 수 있는가

작품은 다양한 기술적 형태로 구현되고 만들어질 수 있습니다. 일반적으로 작가들은 한두 종류에만 전문화되어 있으나 가끔은 다양한 종류의 작업을 하기도 합니다. 미술의 전통적인 기술적 표현방식은 다음과 같습니다.

- 회화
- 드로잉
- 조소
- 비디오

- 판화
- 일러스트레이션
- 사진
- 그라피티/스트리트아트

예를 들어 회화는 다시 수채화, 유화, 아크릴화처럼 다양한 기술적 작업방식에 따라 구분됩니다. 작가들은 일반적으로 직물 캔버스에 그리며 간혹 판지나 나무에도 그립니다.

판화에는 볼록판화, 오목판화, 평판화, 공판화가 있습니다. 작가는 종이 위에 프린트하는데, 볼록판화는 판화의 가장 오래된 형태이고 도장에서 유래되었습니다. 볼록판화는 유럽에서 목판화 형태로 1400년대부터 있었습니다. 찍히는 것은 목판에서 튀어나온 부분만입니다. 오목판화는 표면 처리한 금속판에 금속바늘로 형태를 긁거나 새기거나 약품으로 에칭해 여기에 잉크를 먹게 합니다. 필요 없는 부분의 잉크는 헝겊이나 손으로 닦아냅니다. 찍을 때는 볼록판화와 반대가 됩니다. 돌출된 평면이 아니라 오목한 부분이나 선이 찍힙니다. 부식을 이용해 찍은 결과물은 에칭(에칭화)이라고도 부릅니다.

평판화[평평한 표면에 이미지를 그린 후 물과 기름의 반발 작용을 이용해 찍어낸다]가 기본적으로 볼록판화나 오목판화와 다른 점은 찍히는 부분과 찍히지 않는 부분 높이가 동일하다는 것입니다.

공판화 역시 평면에 작업하지만 투과성 재료로—대개 거즈, 실크, 필론, 나일론—만들어진 것을 사용합니다. 섬유의 인쇄되지 않는 부분은 풀을 발라 이것이 형판形版처럼 작용하게 합니다. 그다음 준비된 거즈와 목재 또는 메탈 프레임으로 된 망을 프린트하려는 종이 위에 올리고 물감을 스퀴저로 망 위에 펼쳐 바릅니다. 물감은 투과할 수 있는 공간에서는 종이에 색을 입히고, 막힌 곳에는 입히지 않게 됩니다.

드로잉이라면 보통 가벼운 재료인 종이나 판지 위에 작업한 작품을 생각할 수 있습니다. 작가는 연필, 색연필 또는 분필로 작업합니다. 드로잉은 흑백 또는 컬러로 그려집니다. 드로잉도 판화와 마찬가지로 더 잘 보존하려면 유리액자에 넣는 것이 좋습니다.

일러스트(일러스트레이션)는 텍스트를 그림으로 설명하는 것이라 할 수 있습니다. 그래서 자체적으로 기능하는 드로잉과 구분됩니다. 일러스트는 전통적으로 책 삽화로 쓰였고 학문적인 내용을 설명하는 데 이용되었으나 후에 사진으로 대체되었습니다. 현대의 일러스트 작가는 연필과 색연필로 종이에 그리기도 하고 컴퓨터로 디지털 작업을 하기도 합니다. 그래서 유일본을 구입할 수 있는 경우도 있고 에디션인 경우도 있습니다.

조소란 다양한 재료의 조각이나 소조를 말합니다. 흔히 작가들은 현지에서 구할 수 있는 돌이나 대리석 또는 청동을 사용하나, 목재·점토·상아도 사용할 수 있습니다. 조각은 작가가 재료를 밖에서부터 깎고, 소조는 안에서부터 밖으로 형성해갑니다. 공간에 독립적으로 서 있어 사방에서 감상할 수 있는 환조, 소小소조 또는 벽이나 평면에 형상을 만드는 부조로 구분됩니다.

사진의 예술적 가능성은 디지털 사진과 이미지 편집 프로그램의 기술적 발전으로 확장되었습니다. 초기에는 흑백 모티브만 있었지만, 1970년대부터는 예술적 컬러사진이 자리를 잡았습니다. 작가는 일반적으로 에디션을 만들며 테스트프린트를 포함해 한두 장은 자신이 보관합니다('아티스트 프루프artist proof'를 의미하는 A.P.루 퓨시).

비디오아트는 영상이라는 매체를 예술적 표현수단으로 사용하며, 1960년대부터 알려지기 시작했습니다. 비디오아트를 구입한다는 것은 여태까지는 미술관이나 전문 컬렉터만의 관심사였습니다. 그러나 이제 새로운 기술적 가능성과 함께 변화가 나타나고 있습니다. 이에 대해서는 다음 장 디지털아트에서 자세히 다루겠습니다.

스트리트아트(그라피티)는 아직 고전적 분류에 포함되지 않았으나 여기에서 같이 다뤄보겠습니다. 넓은 의미에서 스트리트아트는 공공장소에 그려지는 '공공 공간의 미술'로 표현되며, 흔히 그라피티아트라고도 알려져 있습니다. 요즘 전 세계에서 거래금액이 다섯 손가락 안에 꼽히는 작가 뱅크시와 함께 스트리트아트가 예술형태로 자리 잡게 되었습니다. 현대적 형태의 벽화도 세계적으로 큰 인기를 얻었습니다. 작가는 팔기 위해 벽화를 캔버스에 직접 그리기도 합니다. 자신이 그린 알려진 모티브들을 스텐실을 사용해 벽면이나 지면에 스프레이로 분사합니다. 뱅크시는 이 판화 형태의 스텐실 그라피티를 에디션 아트로 일반 최종구매자에게 판매했습니다.

뱅크시의 경매 판매액은 계속 상승해 2021년 상반기에 1억 2,300만 달러에 달했습니다. 미술시장에서 세계적 커리어를 쌓는 데 결정적 역할을 하는 래리 가고시안이나 데이비드 즈위너David Zwirner 같은 메가 갤러리스트의 도움 없이도 뱅크시는 뇌리에 박히는 스트리트 아트 모티브, 센세이셔널한 행동과 훌륭한 마케팅으로 성공을 일궈냈습니다.

뱅크시 작품의 마케팅, 판매, 도록 제작 등은 '흑사병 통제소Pest Control Office'가 전담하며, 덕분에 직접 작품 유통을 관리할 수 있습니다. 뱅크시의 스트리트아트는 이미 미술사적으로 위대한 클래식 아트의 범주에 들어갑니다.

> **구매를 고려할 때 중요한 점: 에디션과 대조되는 유일본이란 무엇인가?**
> 유일본은 단 하나만 존재하는 작품입니다. 그러므로 유일본은 특별한 희소가치를 가지며 일반적으로 가장 높은 가격을 받게 됩니다.
> 판화는 대개 많은 인쇄본이 나오는데 그 수가 5에서 500까지도 갑니다. 인쇄본은 작가가 사인하거나 사인하지 않은 채로 유통에 넘겨집니다. 이러한 판화들은 에디션이라고 불립니다. 에디션 숫자가 적을수록 장당 가치는 높습니다. 작가는 이때 항상 몇 점을 본인이 보관하는데 여기에는 A.P.라고 표시됩니다. 인쇄 수량 표시는 예를 들어 에디션 20+2A.P.로 하게 됩니다.

디지털아트, 크립토아트, NFT에 대한 모든 것

그 밖의 분류개념으로 1970년대 말부터 미디어아트 또는 컴퓨터아트가 생겨났는데, 디지털 기술 기반 위에서 미디어아트 형태로 독자적으로 계속 발전하고 있습니다.

이는 2차원 작품을 컴퓨터 화면에서 그리는 것뿐만 아니라 빛, 음향 또는 픽셀 등의 전자기술을 이용한 3차원 작품 창작을 포함합니다. 작가는 이때 2차원·3차원 작품을 위해 이미 존재하는 코드나 알고리즘을 사용할 수도 있고, 또는 직접 프로그래밍해 개별 이미지 또는 전체 작품이 자체적으로 생성되게 할 수도 있습니다. 전통적인 기술은 새로운 가능성을 통해 지속적으로 최적화되고, 미술의 한계는 새로 정의되고 있습니다.

디지털아트 구매자는 데이터를 자신의 전자기기(핸드폰, 컴퓨터, TV)에 업로드해 검은 화면을 예술적 삶으로 채울 수 있습니다. 요즘은 디지털 작품을 위해 개발된 벽에 걸 수 있는 액자도 있습니다.

디지털아트의 또 다른 장점은 실물 작품을 걸면 벽이 금방 가득 차서 쉽게 교체할 수 없는 반면, 디지털아트 데이터는 큰 부담 없이도 변경할 수 있다는 점입니다. 더욱 중요한 것은 디지털 작품의 데이터가 임의로 복제될 가능성이 있다면 NFT 인증 기술을 이용해 이를 유일본으로 변환할 수 있다는 점입니다.

디지털아트는 새로운 테크놀로지를 통해 이미 완전히 새로운 가치를 경험하고 있습니다. 이는 시장 발전과는 무관하며, 아직은 지켜봐야 할 부분입니다. 그런데 NFT 뒤에는 무엇이 있을까요? 간단히 말하자면 NFT는 블록체인에 저장된 디지털 소유권 토큰이라 할 수 있습니다. 우선 무엇이 토큰이고 NFT가 블록체인과 어떤 관계인지를 알아야겠지요.

토큰이란 무엇인가?

토큰token은 자산가치나 기능을 디지털로 표시해주는 가치증표입니다. 토큰은 대체가능할 수도 대체불가능할 수도 있는데, 대체불가능한 토큰, 즉 NFT는 다른 것으로 대신할 수 없는 고유한 자산가치가 됩니다. NFT는 비트코인 같은 암호화폐cryptocurrency나 일반화폐처럼 대량으로 존재하며 교환가능한 것들과 구분되며, 고유한 ID를 갖는 데이터 세트에 기초하고 있습니다.

암호화폐란 무엇인가?

암호화폐란 디지털 통화입니다. 1990년대 초 프로그래머들과 암호학자들이 어떻게 디지털 공간에서 개인정보를 보호할 수 있을지 고민하기 시작했습니다. 2008년 사토시 나카모토라는 가명을 사용하는 사람(또는 그룹)이 암호화폐 아이디어를 소개했고 이것을 비트코인이라 부르게 됩니다. 비트코인의 첫 거래는 2009년에 이루어졌습니다. 비트코인 생성(채굴) 알고리즘은 2,100만 개 이상 존재할 수 없도록 설계되었습니다. 이 총량 제한으로 기존 화폐와는 달리 인플레이션으로부터 보호되는 것입니다. 이제는 3,000가지가 넘는 암호화폐가 존재합니다.

잘 알려진 것들로는 이더리움, 리플Ripple, 라이트코인Litecoin 등이 있습니다. 암호화폐의 중요한 장점은 거래가 구매자와 판매자 사이에서 직접 이루어져 금융기관으로부터 자유롭다는 것입니다.

블록체인이란 무엇인가?

블록체인이란 정보를 투명하고 안전하게 저장 및 전송하는 탈중앙화되고 공개된 데이터뱅크입니다. 1991년 스튜어트 하버Stuart Haber와 W. 스콧 스토네타W. Scott Stornetta에 의해 개발되었습니다. 블록체인은 네트워크로 연결된 여러 컴퓨터를 기반으로 작동하는데, 모든 사용자는 블록체인의 완벽한 거래내역을 보유하게 됩니다.

블록체인은 다수의 정보블록으로 이루어지며 이 블록들은 사슬처럼 서로 연결되어 있습니다. 거래, 소유권 증빙, 서명, 계약 등의 정보를 담은 새로운 블록이 생성되는 즉시 모든 컴퓨터가 이를 공유해 대조하고 확인합니다.

누군가가 하자 있는 데이터로 블록을 저장하려 한다면 다른 모든 컴퓨터도 승인해주어야 하는데, 이는 불가능하기 때문에 블록체인은 데이터 저장의 특별히 안전한 형태가 됩니다. 이 기술은 거래 위조를 거의 불가능하게 만듭니다.

블록체인은 이미 오래전부터 암호화폐, 특히 비트코인 유통의 공신입니다. 사고파는 것을 단순화하고, 빠르고 직접적이고 덜 복잡한 거래를 가능하게 했을 뿐만 아니라, 믿을 수 있는 증거기록 및 원본 인증의 연결고리를 제공합니다. 2009년 비트코인 론칭과 함께 블록체인은 대중에게 폭넓게 알려지기 시작했습니다. 두 번째 블록체인 이더리움이 2015년 시작되며 '스마트 컨트랙트smart contracts'가 도입되었고, 토큰 거래뿐만 아니라 구매자와 판매자 간의 모든 약정조건을 블록체인에 저장할 수 있게 되었습니다. 이로써 블록체인의 2세대가 탄생했습니다.

해시값이란 무엇인가?

해시값hash value은 전자식 지문에 견줄 수 있습니다. 해시값은 유일무이 고유하며 개별 블록의 식별에 쓰입니다. 각각의 블록은 이전 블록의 해시값을 갖고 있으므로, 사슬(블록체인)이 생성됩니다.

마켓플레이스란 무엇인가?

NFT를 구입하거나 매각하려면 NFT 플랫폼에 들어가야 합니다. 이른바 마켓플레이스란 니프티 게이트웨이, 슈퍼레어, 오픈시같이 대개 블록체인 이더리움에 기반을 둔 온라인장터입니다. 많은 마켓플레이스가 모든 판매자 및 구매자에게 개방되어 있지만 몇몇 곳은 초대받아야만 입장이 가능합니다. 실제 거래에는 월렛wallet이라 부르는 암호화폐 디지털 지갑이 필요합니다.

미술작품의 NFT를 만드는 절차를 민팅minting(주조)이라 부르는데, 월렛에서 암호화폐로 수수료를 지불해야 합니다. 인증서는 유일본 또는 시리즈로 만들어질 수 있으며 그 후 판매를 위해 마켓플레이스에 올려지게 됩니다.

NFT란 무엇인가?

NFT는 대체불가능 토큰을 뜻하며, 유일본 또는 한정판 미술작품의 블록체인 진본 인증을 말합니다.

NFT는 매 디지털 데이터의 자산가치를 나타낼 뿐만 아니라 진본 인증서 역할도 합니다. 복제가 가능한 디지털 미술품에 비해, NFT는 수정할 수도 없고 위조하거나 복제할 수도 없기 때문입니다.

이를 위해 NFT는 토큰을 통해 블록체인과 연계되어 있습니다. 이 토큰이 디지털 미술작품을 대신하며, 사고팔 수 있는 NFT인 것입니다. NFT는 미술품 그 자체가 아니라(작품은 통상 블록체인 외부에 저장) 수정과 복제가 불가능한 소유 증빙입니다. NFT는 유일무이한 하나의 내용에만 연계되어 있기 때문에 여러 암호화폐와 달리 대체할 수 없습니다.

그런데 디지털아트뿐만 아니라 아날로그아트의 어떠한 유형의 작품이라도 블록체인에 저장되어 대체불가능 토큰화될 수 있습니다. 예를 들면 거장들의 작품 말입니다. NFT는 이렇게 해서 디지털 및 아날로그 미술품을 증권화합니다.

스마트 컨트랙트란 무엇인가?

NFT를 생성하려면 스마트 컨트랙트가 만들어져 블록체인에 저장되어야 합니다. 스마트 컨트랙트는 컴퓨터 프로토콜에 기반하는데 이 프로토콜은 매도자와 구매자 사이 약정의 개별 조건을 코드열에 명시하고 NFT의 '생성자'와 '소유자'를 규정합니다. 따라서 스마트 컨트랙트는 블록체인 기술에 근거한 디지털 계약의 한 종류라 할 수 있습니다. 나아가 토큰에는 ID가 부여되며, 이런 방식으로 생성된 토큰은 블록체인에 기록된 데이터세트인 대체불가능 토큰이 됩니다.

FNFT란 무엇인가?

아날로그 작품에 대해 NFT가 만들어지고 나아가 개별 디지털 파트가 매각되면 이를 분할된^fractionalized NFT, 즉 FNFT라 부르게 됩니다. FNFT로 고가인 걸작들의 소유권도 나눌 수 있는데 물론 이때 그림을 조각낼 필요는 없지요. 관심이 있는 사람들은 이렇게 해서 저렴하거나 적당한 가격대의 시작가로 클래식 작품의 분할소유주가 될 수 있습니다. 이를 위한 거래 플랫폼들도 개발되고 있습니다(4장 참조).

따라서 대체불가능 토큰 NFT를 구매한다는 것은 작품(예를 들어 디지털 형태의 실제 작품, GIF 또는 비디오데이터)을 대신하는 인증서나 증권을 취득하는 것입니다. 그럼으로써 소유권뿐만 아니라 구입한 물건의 오리지널리티도 확보하게 되는 것입니다.

구입 후에 데이터뱅크(블록체인)는 데이터세트를 저장할 뿐만 아니라, 유일하며 이 데이터세트에만 연계된 서명(해시값)을 만들어내는데 이 역시 블록체인에 같이 저장됩니다. 단 한 명만이 이를 자신의 월렛(암호화폐를 위한 가상지갑)에 보유할 수 있으며, 누군가가 복제한다면 바로 추적할 수 있습니다.

결정적인 것은 기존의 미술세계와는 달리, 모든 NFT 거래 근거가 공개적이고 변경불가능하며 블록체인 안에서 들여다볼 수 있다는 점입니다.

디지털아트와 그에 연계된 NFT는 오픈시, 민터블Mintable 또는 슈퍼레어 같은 여러 마켓플레이스에서 구입할 수 있습니다. 그러려면 일반적으로 암호화폐가 필요한데, NFT 구입에는 대개 이더리움이 사용됩니다.

따라서 컬렉터들에게는 NFT가 역사적으로 중요하거나 그렇게 될 가능성이 있는 작품들을 취득하고 거래할 수 있는 추가 방편이 됩니다.

디지털 아티스트나 행위미술가들은 NFT로 작품가격을 높일 수 있는데 이는 작품을 전 세계에 직접—제3자 개입 없이—내놓을 수 있게 되고 인증을 통해 작품 가치가 상승하기 때문입니다. 그뿐 아니라 처음으로 작가들은 작품의 모든 잠재적 재판매에도 참여하게 됩니다. 즉 작가는 판매가의 일정 퍼센트를 받게 됩니다.

NFT가 사용된 미술품에는 갤러리 같은 제3자를 통한 거래 채널은 불필요합니다. 물론 갤러리가 직접 비즈니스에 개입하면 달라지겠지요. 세계적으로 가장 큰 갤러리 중 하나인 뉴욕 페이스 갤러리는 NFT를 위한 자체 플랫폼 페이스 베르소Pace Verso를 선보였고, 또한 데미안 허스트나 제프 쿤스같이 세계적으로 알려진 작가들도 이미 NFT를 발행했습니다.

NFT 경매 기록

2021년 3월 11일 크리스티가 대형 경매회사로서는 처음으로 한 NFT를 6,930만 달러라는 센세이셔널한 가격으로 낙찰시켰습니다. 구매자는 메타코반MetaKovan이라고도 알려진 당시 32세의 인도 테크놀로지 사업가 비그네쉬 순다레산Vignesh Sundaresan이었습니다. 디지털아트 작품 〈매일: 첫 5,000일Everydays: The First 5000 Days〉은 5,000개의 낱개 그림으로 구성된 콜라주입니다. 특이한 것은 창작자 비플(원래 이름은 마이크 윈켈먼, 1981년생)이 자기 작품을 독특한 코드로 명확하게 식별할 수 있고 그로 인해 위조불가능하게 만들었다는 것입니다. 이 NFT가 경매에 붙여져, 경매를 통해 팔린 생존작가 최고가 작품 중 하나가 되었습니다. 응찰자의 91퍼센트가 크리스티의 신규 고객이었습니다. 비플은 갤러리와 전시회라는 통상적인 길을 거치지 않고도 클래식 반열에 합류하게 되었습니다.

그러나 비플 작품들뿐만 아니라 가장 오래된 NFT 프로젝트 중 하나인 〈크립토펑크CryptoPunks〉도 팩PAK [2021년 12월 작품 〈머지Merge〉가 NFT 거래플랫폼 니프티 게이트웨이에서 9,180만 달러에 팔림.]과 함께 기록적 가격을 달성했습니다. 컬렉터블 NFT 〈크립토펑크〉는 1만 개의 고유한 수집할 수 있는 캐릭터로 이루어졌는데, 2017년 라바랩스 스튜디오의 두 소프트웨어 개발자에 의해 실험적으로 개발되었습니다. 마찬가지로 〈지루한 원숭이 요트클럽Bored Ape Yacht Club(BAYC)〉은 이더리움 블록체인 기반인 1만 개의 고유한 디지털 컬렉션 '지루한 원숭이 NFT' 아이템입니다.

NFT로 기록적 가격을 달성한 소더비와 크리스티의 성공은 경매회사들이 NFT를 미술시장의 프리미엄 부문으로 분류하게 했습니다. 이것이 계속 유효할지는 향후 시장이 보여줄 것입니다.

NFT는 미술관에 새로운 자금조달 기회를 제공한다

딜러나 경매회사만 NFT의 가능성을 알아차린 것이 아닙니다. 이미 상트페테르부르크 에르미타주 미술관, 대영 박물관, 피렌체 우피치 미술관 등이 자금 마련을 위해 소장한 대작들을 NFT로 만들어 팔았습니다. NFT로 미술관의 자금유동화 가능성을 높여주며, 새로운 후원과 자금조달 방법이 생겨난 것입니다.

무엇보다도 NFT를 통한 인증화와 분할로 인해 많은 애호가에게 미술품이 경제적으로 접근가능하게 되었습니다. 이제는 누구든 고전 대작의 분할소유자가 될 기회가 있습니다.

그러므로 기술적으로 NFT, 특히 블록체인의 발명은 무엇보다도 디지털아트에 있어 미술사적 이정표가 됩니다. 그로 인해 실체가 있는 유일본이 더욱 특별해지고 더욱 값이 오를지는 앞으로의 변화가 보여줄 것입니다.

이 장에서 알게 된 것

미술시장은 국제적이긴 하지만 크지 않은 시장이며 전 세계 거래액은 추정만 가능할 뿐입니다. 전체 거래액의 40퍼센트를 차지하는 미국이 가장 큰 미술시장입니다. 가장 성장세가 뚜렷한 시장은 중국이며, 홍콩이 중국 구매자들에게 가장 큰 역할을 하고 있습니다. 미술시장에서 가격형성은 여러 요소에 기인합니다. 작품의 품질, 판매성, 희소성 및 작가 인지도, 경매장소와 시장 상황 등이 주요 요소입니다.

작품은 2차시장 진입 전 우선 1차시장에 나오게 됩니다. 인지도가 높아지면 2차시장에서 더 높은 가격을 받을 가능성이 높아집니다.

또한 네트워크가 작가의 국제적 성공과 그로 인한 작품의 가격상 승에 결정적 역할을 합니다. 즉 작가의 작품들이 유명한 미술관이나 갤러리에 (어디보다도 뉴욕에서) 전시된다면 이것이 대체로 성공을 보장 한다는 것입니다.

미술시장 참여자는 아래 세 그룹으로 나뉠 수 있습니다:

- 미술품생산자
- 전통적인 공급자 및 새로운 공급자
- 최종구매자

작가 없이는 미술시장에서 팔릴 수 있는 작품도 없으므로 첫 번째 그룹이 기반을 형성합니다. 작가의 미술시장 진입에는 갤러리가 주요 역할을 맡습니다. 갤러리가 1차시장을 결정하는데, 갤러리 프로그램에 따라 작품의 상품성과 작가 캐릭터 등을 보고 작가를 선정해 그의 시장 진입을 돕습니다. 미술품 딜러는 2차시장에 속하며 경매에서 중개자 역할도 합니다. 2차시장에서 가장 중요한 중개 시스템은 높은 매출을 올리는 아트페어와 경매입니다. 최종수요자로는 개인 구매자, 회사, 미술관 및 국가기관이 있습니다.

코로나 팬데믹 이래 판매는 점점 온라인으로 이루어지고 있습니다. 블록체인의 발달에 따라 미술시장에 새로운 챕터가 시작되었습니다. 블록체인은 디지털아트, 대작 및 대작을 분할한 것을 증권화하고 거래할 가능성을 제공합니다.

이전에는 쉽게 복제할 수 있었던 디지털아트가 NFT를 통해 유일성을 지니게 되고 거래가능하게 되었습니다. 작품이 인증을 통해 유일본으로 업그레이드되고 이론적으로는 1급 명작의 가격 범주로 격상될 수도 있습니다. 한편 실체가 있게 창작된 모든 미술작품은 지분으로 나누는 분할화를 통해 디지털로 거래할 수 있게 되었습니다.

따라서 미술작품의 토큰화에 블록체인을 사용하는 것은 진정 새로우며 미술시장에 혁명을 가져옵니다. 새로운 기술 덕분에 더 폭넓은 대중이 미술품을 접할 수 있는 수많은 새로운 방법이 생겼습니다.

NFT 판매는 모든 작가나 구매자에게 열려 있습니다. 가격과 거래가 들여다볼 수 있게 되었고 투명해졌습니다. 작가 입장에서 장점은 재거래와 가격상승에 따른 이익을 매번 함께 누릴 수 있다는 것입니다.

3장

미술품 현명하게 구입하기 —RPR ART® 기법 사용

이 장에서 알게 되는 것

＊좋은 미술품 판별의 보편적 기준을 정의하는 것이 왜 어려운가

＊작품과 작가의 품질을 알아보는 데 도움이 되는 것

＊어떻게 가격을 추정하고 경매에서 적절히 대응하는가

＊미술품을 현명하게 구입하는 7단계 방법

＊새로운 기술적 가능성은 어떻게 도움이 되는가

아나 네로Anna Nero, 〈사랑과 전쟁에서는 모든 것이 공평하다All is fair in Love and War〉(2021), 부분
180×130㎝, 캔버스에 오일과 아크릴
사진: 알렉산드르 네로슬라브스키Alexander Neroslavsky,
베를린 펠트부슈 비제너 루돌프Feldbusch Wiesener Rudolph의 승인하에 수록

예술은 모두를 위한 것이다.

_키스 해링

미술품 구입에 전략이 왜 필요한가

수년간 저는 미술품의 전략적 구매에 관심을 기울여왔습니다. 대학에서 미술사 공부를 하며 경매회사 크리스티에서 일할 때 관심이 생겼어요. 미술과 그 시장에 대한 또 다른 시각을 얻었고 가격에 대해서도 알게 되었습니다.

　한편으로 기록적인 낙찰가격에 깊은 인상을 받았지만, 다른 한편으로는 유명 작가의 그리 비싸지 않은 작품도 많다는 것에 놀랐습니다. 흥미롭고 예상치 못한 가능성이 있는 완전히 새로운 세계가 제게 열렸습니다. 꽤 저렴한 가격의 감동적인 작품도 정말로 있었습니다. 저는 미술시장이 돈 많은 컬렉터들만을 위한 것이 아니라 평균 소득자들을 위해서도 존재한다는 것을 알게 되었습니다. '그렇다면 왜 사람들은 유명 작가의 작품을 집에 갖고 있지 않을까? 그리고 무엇보다도, 왜 대부분의 사람이 그런 것은 자신들의 능력 밖이라고 생각할까?' 저는 더 많은 사람이 미술품에 관심을 갖고 스스로 미술품 구매를 결정할 수 있도록 필요한 도구를 제공해야겠다고 마음먹었습니다.

저는 몇 년 동안 계속 어떤 기준이 품질을 결정하고 어떤 특성이 가격을 결정하는지 관찰해왔습니다. 간단히 이야기하자면, 미술품 구입 시 합당한 가격의 품질 좋은 작품을 찾아내어 현명하게 구입한다는 목표를 설정한다면 실제로 중요한 것이 무엇인지를요.

이러한 질문에 기초해 얻은 지식과 경험을 통해 저만의 RPR ART® 기법을 도출해냈습니다. 이 접근방식은 엄선한 평가 기준들과 시장과 가격변동에 대한 지식에 의거한, 미술품 품질에 관한 전문적 평가와 미술사적 분류가 상호보완하는 형식입니다. 이 기법은 미술품 구입을 위한 7단계로 요약됩니다. 여기에서는 저의 주요 관심사인 컨템퍼러리 아트와 그 시장에 집중하겠습니다. 그렇지만 이 전략은 미술 시장의 다른 분야에도 적용될 수 있습니다.

이 기법의 중심에는 구매에 관심을 가진 잠재고객으로 여러분이 존재합니다. 무엇을 찾고 있습니까? 어떤 조건인가요? 장기적인 목표는 무엇입니까? 제 목표는 미술작품이 합당한 가격에 좋은 품질인지를 궁극적으로 여러분이 스스로 평가할 수 있는 능력을 갖게 되고, 이를 바탕으로 안전한 구매 결정을 내릴 수 있게 하는 것입니다.

미술품은 품질 판단이 왜 어려운가

먼저, 모든 현명한 구매에 관련된 미술 분야의 커다란 질문에 대해 이야기해보겠습니다. 좋은 미술품은 어떻게 알아볼 수 있나요? 흥미로운 정보를 미리 알려드리자면, 공식적으로 미술품에 대한 객관적인 품질기준은 존재하지 않습니다.

무엇이 미술인지에 대한 이해는 계속 바뀌고 있습니다. 빈센트 반 고흐(1853~1890)는 생전에는 작품을 거의 팔 수 없었으나 오늘날 가장 대중적인 작가의 한 사람으로 인식되고 있습니다. 그러나 시간이 지남에 따라 비평가들과 큐레이터들이 주목하는 특정한 관점은 계속 반복됩니다.

미술시장 전체 역시 "논쟁과 평가를 끊임없이 주고받는 장소에 지나지 않습니다".[1]

그럼에도 이에 대한 논의는 이미 훨씬 이전에 '미술품이란 대체 무엇인가?'라는 질문으로 시작되었습니다.

미술품이란 특별한 보호 및 특별한 중요성을 향유하는 인정받은 재화입니다. 그러나 모든 시대와 가치에 적용되고 받아들여졌을 수 있는 보편적으로 유효한 미술 개념은 (여태까지는) 존재하지 않습니다. 미술품이 무엇인지에 대한 정의는 시대마다 변화하는 기준에 따라 크게 달라지며, 개인의 보는 시각에 따라서도 달라집니다.

미술이란 오늘날 일반적으로 "창작 의지에 기반한" 예술적 표현이라고 합니다.[2]

고대 이래 미술에 대한 정의

그리스의 철학자 플라톤Platon(기원전 427~347)은 창작 행위를 묘사나 모방mimesis으로 이해했습니다. 중세에는 미술이 종교에 봉사했고 종교는 미술작품에 종교적 표현을 주로 요구했습니다. 조형예술은 수공업이었으며 작가는 익명에 머물렀습니다. 15세기에 들어 이탈리아 미술은 종교에서 벗어나 자연스러운 묘사를 추구하게 됩니다. 17, 18세기는—특히 독일 고전작품에서—고전주의적 미감 이념Ästhetische Idee이 특징적인데, 아리스토텔레스Aristoteles(기원전 384~322)를 좇아, 아름다움을 창조하려면 특정한 규칙을 따르는 것으로 충분하다고 보았습니다.[3]

20세기의 특징은 전통적 예술 개념을 떨쳐버리려는 시도입니다. 러시아의 화가이자 미술이론가인 바실리 칸딘스키(1866~1944)를 시작으로 추상이라는 개념이 미술에 도입되어 묘사적인 관점을 몰아내게 됩니다.

1964년 앤디 워홀의 '브릴로 박스(브릴로 상표 냄비세척제의 포장재를 모방해 만든 프린트된 나무상자)' 전시로 갑자기 일상적인 생활용품이 미술품이 되었습니다. 이제 미술세계에서는 무엇이든 가능하게 되었습니다.

미국의 철학자이자 미술비평가 아서 C. 단토Arthur C. Danto(1924~2013)는 그에 연관하여 예술을 새로운 개념으로 정의합니다. 그는 저서 『평범함의 변신: 미술의 철학The Transfiguration of the Commonplace: A Philosophy of Art 』(1984)에서 일상용품과 예술품의 차이는, 예술품은 항상 평범한 사물에 없는 특성을 지니고 있으나 평범한 사물은 그렇지 않은 것이라고 설명합니다. 그러나 이 특성은 눈에 보이지 않으며 해석에서만 나타날 수 있습니다. 그러므로 어떤 대상이 해석불가능하다면 그것은 예술품이 될 수 없다고 하겠습니다.[4]

워홀의 '브릴로 박스' 같은 일상용품이 다른 환경에서는 예술품으로 자리매김했듯이, 이제 일상용품도 새로운 해석을 가능하게 하고 예술작품으로 인정받을 수 있습니다.[5]

예술의 이상향적 특성에 대해서는 철학자이자 사회학자인 테오도어 W. 아도르노

Theodor W. Adorno(1902~1969)도 저서 『미학 이론Ästhetische Theorie』에서 언급했습니다. 예술의 임무는 세상의 불완전함을 적시하고 더 나은 세상의 가능성을 지향하는 것이지만 이를 직접적으로 이룰 수는 없습니다.[6] 예술은 다른 세상을 만들 수는 없습니다. 단지 다른 세상을 동경할 뿐입니다.[7]

그에 반해 경제학자 포메레네Werner Pommerehne와 프라이Bruno Frey는 감상자가 무엇이 예술인지 직접 결정해야 한다는 입장입니다. 작가들도 유사하게 천명한 바 있습니다.[8] 빈센트 반 고흐는 1879년에 이렇게 말했습니다. "나는 이 말보다 더 나은 정의를 알지 못한다. 예술이란 바로 인간이다."

이렇게 보면 고대 이래 예술에 대한 정의에 핵심을 관통하는 기준은 없습니다. 분명한 것은 칸딘스키와 뒤샹과 함께 현대에 들어선 이후 예술 개념은 크게 변화했고, 예전에는 예술로 여겨지지 않았던 다른 것까지 범주에 넣게 되었다는 것입니다. 사진술이 등장하고부터 순수한 묘사는 더 이상 미술의 의미 및 목적이 아니게 되었고, 대신 미술은 창작 기술을 통해 해석가능한 콘텐츠를 추구하게 되었습니다.[9]

미술이란 도대체 무엇인지 불확실하다는 것을 알게 됨으로써 여러분은 미술의 품질기준을 정의한다는 것이 더욱 큰 도전임을 확실히 잘 이해할 수 있을 것입니다. 미술은 일반적으로 뭔가 특별하고 정의하기 어려운 것으로 남아 있습니다.

미술시장은 다른 시장과는 달리 작동한다

좋은 미술품을 위해 일반적으로 유효한 기준을 정하기 어렵다는 것이 미술시장을 다른 분야 시장과 구분 짓습니다. 여타 시장에서는 상품의 실제 성공 여부를 구매자도 같이 결정하니까요. 미술작품은 이러한 일반 대중 테스트 또는 실제 테스트를 거칠 필요가 없습니다. 왜냐하면 현대 작가의 작품은 일반에게 공개되기 전, 먼저 소수의 결정권자 눈에 들기만 하면 되기 때문입니다. 미술비평가 보리스 그로이스^{Boris} Groys는 이에 대해 "작품은 선택되었기 때문에 선택된 것이다"라고 말합니다.[10] 여기에서 미술시장은 훨씬 더 발달한 음악이나 영화산업과 확실하게 구분됩니다. 그런 산업에도 시장에서 무엇이 인기 있을지 선택하고 결정하는 비평가들이 있지만, 최종적으로 성공을 결정하는 것은 대중입니다. 대중이 무엇을 마음에 들어 하고 어떤 음악이나 영화를 보는지가 판매 수치에 그대로 반영됩니다. 미술시장에서는 어떤 작품이 계속해서 보는 사람을 매료시켜 세월을 초월한 품질을 입증하고 유형·무형의 가치를 간직하는지는 수백 년이 지나야만 알 수 있습니다. 렘브란트(1606~1669)와 레오나르도 다 빈치(1452~1519) 경매 기록이 이를 증명합니다. 현대 작가들은 후에 이것을 입증해야만 합니다.

한편 인터넷은 작가들에게 자기 작품을 대중에게 선보이고 대중이 품질을 직접 평가하게 하는 새로운 가능성을 제공하고 있습니다. 갤러리와 미술관의 개입은 사라졌습니다. 구축된 시스템이 계속 발전할지 또는 변화할지 지켜보는 일은 흥미진진합니다. 소수의 일방적 결정이 아니라 다수의 가치추정으로 이루어지는 결정은 이상적입니다.

미술시장 참여자 300명(컬렉터, 작가, 딜러, 큐레이터, 기자)을 대상으로 설문조사한 '예술의 품질'이라는 주제의 한 박사 학위논문에서도 명확한 답을 찾아낼 수 없었습니다. 논문은 단지 모든 사람이 언급한 품질 특성의 기준만 확인할 수 있었습니다. 그중에는 "비판적 시대정신의 전달 및 작품을 통한 인식 지평 확장 내지는 지적 자극"도 있었습니다.[11]

제가 이 모든 자료로부터 수년간의 연구로 도출하고 실무에도 적용한 다양한 기준 중에서 가장 중요한 것들을 간추렸습니다. 여러분이 자신에게 가장 중요한 요소들을 스스로 정의하고 또 적용할 수 있도록 알려드리겠습니다.

어떻게 좋은 미술품을 알아보며, 어떤 품질기준이 도움이 되는가

우선 개별 작품의 품질은 앞뒤 사정을 알아야만 평가할 수 있음을 알아두어야 합니다. 이는 한 작가의 모든 작품을 살펴봐야 한다는 말입니다. 그렇게 해야 작가의 의도와 발전과정 및 그 가치 역시 더 잘 평가할 수 있습니다. 여러분이 다른 추가 정보 없이 단 하나의 작품만 알고 있다면 이 점은 특히 중요합니다.

그러므로 특히 신진작가의 경우, 창작 커리어 초기에 있고 전시 횟수나 판매기록 등 계량할 수 있는 기준이 없다면, 좋은 작품인지 판단할 근거를 찾기가 어렵습니다. 하지만 계속 반복되는 특정한 특성은 이미 식별할 수 있습니다. 반면 이미 자리를 잡은 작가의 경우에는 모든 범위의 기준이 적용될 수 있습니다. 예를 들어 커리어 초기에 미술사학자나 갤러리스트가 작품을 좋아하는 것은 아직 주관적인 특성입니다. 하지만 그들 마음에 들어 전시회에 선정되면 추후에는 점점 더 객관적으로 특성을 측정할 수 있게 됩니다. 이상적인 경우, 작가는 히든카드였다가 폭넓은 대중에게 알려지고 인정받는 대가로 발전하게 됩니다.

제 리스트는 특히 (시장 진입 전이나 1차시장의) 신진작가에 적합한 특성으로 시작해 점차 (2차시장의) 기성작가들을 위한 특성으로 넘어갑니다. 그러나 특성들은 양쪽 모두에 적용되며, 처음에는 주로 정성적이지만 경력이 쌓이면서 뚜렷하게 정량적이게 됩니다.

신진작가란 시장 진입 전부터 진입 후 5년까지의 작가를 말하고,

	정성적 기준 ──────────────→ 정량적 기준			
신진작가	교육 및 수상*	독창성과 진본성	전시 및 출판활동	가격 및 시장 변화
	미술대학	자신만의 표현력	개성	시장성
	유명 작가 교수	혁신 역량	소셜미디어, 인스타그램	가격변화(승수 상승)
	마이스터쉴러	다양성	미술협회나 갤러리의 개인전·그룹전	
	장학금	내용 전달력	미술학적 논문, 카탈로그	기업과 협업
	수상 경력	기법	미디어 기사	미술관 소장, 컬렉션
			국내및국외미술관전시	작가 순위 리스트 등재
기성작가	*선택사항		비엔날레 (도큐멘타, 베네치아)	경매 기록

표 3.1 작가를 평가하는 품질기준

© Ruth Polleit Riechert

출처: Pommerehne and Frey, Klein, Lucci, ArtTactic, Kunstkompass, 자체 연구

기성작가란 이름이 이미 알려지고 자기 작품으로 시장을 구축한 작가를 의미합니다.

기본적으로 저는 미술품 구매 시 신진작가그룹이나 기성작가그룹 중 하나만을 택하고—또는 두 그룹을 섞고—그 중간은 택하지 않기를 권합니다. 왜냐하면 객관적인 품질 특성과 가격 분석은 물론 최상의 투자 기회를 이 두 그룹에서 얻을 수 있기 때문입니다.

신진작가 선택 시 고려할 특성들

작가가 시장에 진입하기 전이라면 그의 작품들은 단지 관심이 있는 사람들만 보고 평가하게 됩니다. 아직 이렇다 할 경력이 없으며 마케팅도 없고 평가에 영향을 줄 시장에서의 가격변화도 없습니다. 이것이 판단을 어렵게 만들지만 동시에 순전히 미술품 그 자체로만 봐야 하는 것이라 아주 흥미진진하기도 합니다. 신진작가의 경우, 재능을 알아보는 데 '경험자의 눈'이 특히 중요합니다. 이미 많은 미술품을 보아온, 예를 들어 미술사학자 같은 전문가의 자문이 이때는 충분히 의미가 있습니다. 전도유망한 재능 있는 작가를 발견해내는 갤러리들도 이 역할을 담당할 수 있습니다. 여러분이 직접 찾으려면 다음과 같은 면을 고려해야 합니다.

독창성: 작가가 뭔가 새롭고 독창적인 것을 만들어냈는지 스스로에게 질문을 던져봐야 합니다. 언젠가 비슷한 것을 이미 본 적이 있습니까? 작품이 혁신적입니까? 작품이 시각적으로나 개념적으로 와닿습니까? 매력적이고 계속 새롭게 느껴집니까? 아니면 빨리 식상해졌습니까?

진본성authencity: 작품이 한눈에 보이는 작가만의 터치를 갖고 있는지 확인해보십시오. 작가가 자신만의 시각언어를 찾아냈는지, 독창적이고 독특한 스타일을 개발했는지요.

다양성: 작가의 단 한 작품만 볼 것이 아니라 찾을 수 있는 작가 주위의 모든 것을 찾아보십시오. 작가의 전체 작품이 얼마나 다양하게 표현되었나요? 작가가 여러 장르, 여러 기법으로 작품을 만들고 있나요? 작가가 지속적으로 뭔가 새로운 것을 만들어내고 또 발전시키고 있나요? 전체 작품들을 관통하는 주제가 눈에 보여야 하지만, 작가는 단순히 반복해서는 안 됩니다. 그가 유명하고 작품이 잘 팔리더라도 특정 스타일이나 형태를 너무 자주 반복 제작해서는 안 됩니다.

내용 표현: 작가가 어떤 주제에 관심이 있나요? 그의 작품은 어떤 문제를 던지고 있습니까? 작품이 개념적으로 흥미로운가요? 작품이 어떤 역사적 연관성을 가지고 있습니까? 작품이 전달하고자 하는 내용을 빈칸으로 두고 해석을 보는 사람에게 맡기면, 심지어 모순적일 수 있는 작품이 더 흥미로울 수 있습니다.

기법: 작품이 기술적으로 어떻게 만들어졌는지 알아볼 수 있습니까? 작가가 기술적 구현에 얼마나 많은 시간을 들였나요? 기본 전제는 작가가 자신의 기술을 완전히 마스터했느냐는 것입니다. 이는 회화에서 색이론과 형태이론의 기본 요소와 법칙을 작품에 적용할 수 있는 것을 의미하며, 예를 들어 황금비율과 색채론 같은 형식적 수단을 논리적이고 일관되게 사용할 수 있음을 뜻합니다.

프랑크푸르트에서 갤러리를 운영하는 다니엘 쉬르케Daniel Schierke에게 작품을 선정할 때 어떤 점에 주의를 기울이는지 물었습니다. 그에게는 무엇이 중요한지 알아봅시다.

작품은 보이지 않는 미묘한 방식으로 만들어져야 합니다. 그뿐 아니라 보는 사람을 사로잡으며 작가의 작업에 더욱 몰입하게 하는 시각적 매력이 있어야 합니다. 그 밖에 작가의 작품에서 일관된 주제를 발견할 수 있는지도 중요합니다. 그것은 여러 작품에서 계속 다양하게 변화하며 사용되는 특정한 스타일일 수도 있고, 또는 작가가 몰두해 그의 작품 전체에 나타나며 그를 계속 나아가게 만드는 콘셉트일 수도 있습니다. 하나의 히트작만 낸 작가에게는 관심이 없고, 예술적 발전가능성이 보여야만 합니다.

이어지는 내용에서는 신진작가들 경우에 이미 검토해보았음직한, 부분적으로는 측정가능한 **정성적·정량적 기준**을 볼 수 있습니다. 이는 개별 대상 작품의 품질과 전체 작품군을 더 잘 평가하고 추정하는 데 도움이 될 것입니다. 작가 이력에는 시장 진입 이전에 있었던 교육, 수상 경력, 장학금과 전시 경력(개인전과 그룹전)이 들어가는데, 물론 교육이 특히 중요합니다.

교육: 어떤 미술학교에서 수학했는지 알아보십시오. 어느 교수에게서 배웠나요? 마이스터쉴러Meisterschüler, master student[독일 미술대학 졸업 후

1~2년간 추가 마스터 클래스를 수학하는 학생. 통상 우수 학생을 대상으로 위원회에서 선정한다.]였나요? 일부 작가들은 교육과 무관함을 입증하기도 하지만, 알다시피 예외는 규칙을 확인해줍니다. 대부분의 경우 유명 작가들은 아주 일찍부터 그림 그리기나 작품 만들기를 시작했습니다. 그들은 최고의 학교를 지망했고 대개 유명한 교수에게 배울 수 있었습니다. 이런 것이 성공적 경력을 보장하는 것은 아니지만 재능 있는 작가를 찾아내는 데 도움이 됩니다.

장학금, 수상 경력: 작가가 어떤 상을 받았고, 어떤 장학금을 수령했습니까?

전시: 얼마나 많은 개인전과 그룹전 참여 경력이 있나요? 미술협회, 갤러리, 미술관 등 공공기관에서 얼마나 많은 전시회를 했습니까?

부퍼탈, 뒤셀도르프와 파리에 있는 갤러리 드로스테 소유자와 디렉터인 파트리크 드로스테Patrick Droste와 카타리나 갈라데Katharina Gallade의 관심사는 문화적·사회적 흐름을 반영하는 것입니다. 어떤 디지털 가능성을 활용하고 있으며 신규 구매자는 어떤 점에 유의해야 하는지 두 사람에게 이메일로 문의해봤습니다.

Q 두 분의 주변 환경 및 고객들에게서 어떤 관심과 요구가 보이는지요?
A 명백한 것은 미술시장이 젊어진다는 것인데, 대중만 젊어지는 것이 아니라

시각언어와 교감도 젊어지고 있습니다. 저희 고객들, 관심을 보이는 분들, 방문객들은 편협한 엘리트적 분위기가 아니라 쉽게 느껴지는 미술로 접근하려 합니다. 미술을 가볍게 느끼려면, 스스로 경험하고 작가와 대화하거나 사색하는 것이 좋지만 무엇보다 새미가 중요합니다. 그러니 미술에 관심이 있는 분들에게는 이전에 경험해본 적이 없더라도 미술품과 마주해보시길 권하고 싶습니다. 젊은 사람, 나이 든 사람, 전문가, 비전문가가 모두 저희 갤러리를 방문하고 있습니다.

Q 두 분은 많은 새로운 미디어를 소통과 마케팅에 활용하시는데요. 어떤 것이 미술을 위해 의미가 있고, 어떤 것은 의미가 적습니까? 미래 미술시장이 어떻게 변화할 거라고 보십니까? 더 많이 디지털화되고 아날로그는 더 적어질까요?

A 마지막 질문에 먼저 답하겠습니다. 디지털과 아날로그가 나란히 존립할 겁니다. 미술에서 아날로그 경험은 이 세상의 어떤 디지털 미디어도 대신할 수 없을 것입니다. 그럼에도 디지털 미디어는 믿을 수 없이 중요해졌습니다. 특히 디지털 존재 없이 성공하기에는 유명세가 충분치 않은 신생 및 중소규모 갤러리들에게는요. 그래서 저희 견해로는 디지털 미디어는 현장 전시회나 베르니사주와 똑같이 잘 준비되고 관리되어야 합니다. 다시 말하면, 디지털 고객과 아날로그 고객에게 똑같은 서비스를 제공한다는 것입니다. 그뿐 아니라, 젊은 갤러리로서 저희는 아날로그에는 없는 마케팅 기회를 소셜미디어에서 찾고 있습니다. 소셜미디어는 요즘 과도하게 비싸진 블루칩 아트페어들보다 경제적입니다. 미술시장과의 관련성을 결정하는 심사위원단도 없고, 더 자유로우며, 지역적 시장에 국한되지도 않습니다.

Q 신규 미술품 구매자가 양질의 컬렉션을 만들어갈 수 있도록 세 가지 조언을

해준다면 뭐가 있을까요?

A '품질'이라는 개념을 우선 스스로 정의해야 합니다. 다양한 해석이 있을 수 있겠지요. 목표에 도달하는 데 항상 세 개의 대등한 축이 있다고 생각합니다. 찾아보고, 물어보고, 알아내는 것입니다. 정의가 어떻든 간에 우선 시장, 미술사, 작가 이력에 대한 지식을 쌓고 그에 따라 안목을 길러야 수준 높은 컬렉션을 만들 수 있습니다. 어떤 형태와 규모든, 모든 컬렉션은 저마다 매력이 있으며 수집하는 사람의 개성을 반영합니다. 그것이 각각의 컬렉션을 특별하게 만듭니다.

신진작가들은 자신의 작업을 계속 발전시켜야 할 뿐 아니라 스스로 마케팅하는 능력이 있어야 합니다.

작가의 캐릭터: 가능하다면 작가에 대해 알아보십시오. 작가는 자신에 대한 확신이 있어야 합니다. 그는 자신을 잘 표현하고 자기 작품을 잘 팔 수 있어야 합니다.

시장성: 이 점은 종종 기꺼이 언급되지 않지만, 작품은 팔릴 수 있어야 합니다. 작품은 고유한 셀링포인트가 있어야 합니다. 공개된 장소에 놓일 설치물만 만들거나 영국의 뱅크시처럼 그라피티아트만 하더라도, 작가는 시장에서 팔릴 수 있는 작품을 만들 역량이 있어야 합니다. 그런 예로 뱅크시는 자신이 그린 모티브의 프린트를 아주 성공적으로 팔고 있습니다.

시장에 이상적인 것은, 한 작가의 작품들이 다양하게 구현되어 각기 다른 가격대에서 판매되는 것입니다.

기업과 협업: 작가가 이미 기업과 협업한 적이 있습니까?

소셜미디어: 작가의 인스타그램 팔로워는 몇 명입니까?

어떤 작품에 대해 앞서 소개 기준들과 질문들로도 결론을 내릴 수 없다면 다음 두 가지 해결책이 있습니다. 작품이 특별히 설명을 필요로 하는 경우에는 작가의 다른 작품들을 참조해 가치를 확인하는 방법이 있습니다. 또는 작품이 실제로 품질이 낮을 수 있습니다. 그렇다면 장기적으로도 아마 선보일 무대를 찾지 못할 겁니다. 이런 경우는 흔합니다. 적은 수의 작품만이 미술관과 시장으로 향하는 길을 찾고 시대를 초월하는 품질과 가치를 만들어내기 때문입니다.

미술학자 제렌트는 이렇게 권고하기도 합니다. "적은 것이 더 낫습니다less is more. 저질 작품과 공허한 대중 행사를 양심의 가책 없이 포기하는 것을 배우십시오."[12] 작품에 대해 한번쯤 근본적 질문을 던져봐도 됩니다.

만일 작품이 설명을 필요로 한다면—마크 로스코의 작품 사례

마크 로스코의 한 작품만 본다면, 단순한 컬러필드color field painting(단순한 컬러로 많은 영역을 칠한 추상회화)가 왜 그렇게 고가인지 의문이 들 수도 있습니다. 그렇지만 로스코의 발전과정과 그가 추구한 바를 알게 된다면, 그 작품은 여러분에게 더 귀중해지고 작품 하나하나가 설득력을 갖게 될 것입니다.

마크 로스코는 풍경화, 정물화, 초상화를 포함한 구상회화에서 시작했습니다. 표현주의 회화의 새로운 표현형식을 찾으려는 그의 시도는 컬러필드 페인팅으로 발전했습니다. 이를 위해 그는 세 가지 색상을 사용해, 단색을 점점 흐리게 하며 컬러필드를 칠했습니다. 음악이 듣는 사람을 움직이고 감정을 불러일으킬 수 있는 것처럼, 그에게는 보는 사람에게 미치는 색채의 영향이 무엇보다도 중요했습니다. 그는 자신의 그림이 보는 사람과 교감해야 한다고 생각했습니다. 그래서 로스코 작품의 관조적 아우라는 종종 사람들이 눈물을 흘리게 합니다.

마크 로스코는 이렇게 이야기했습니다. "당신이 단지 색상 비율에만 관심이 있다면, 중요한 것을 놓치고 있는 것입니다. 저는 비극, 환희, 파멸이라는 커다란 감정을 표현하는 것에 관심이 있습니다."[13]

작품을 작가의 작업 전체 맥락에서 한번 살펴보는 것이, 특히 구매에 확신이 없는 경우, 의미가 있습니다. 종종 간단한 질문들이 작가의 삶과 작품을 가늠하고 이해하는 데 도움이 됩니다. 작가는 무엇을 다룹니까? 작품의 주제는 무엇인가요? 어떤 표현방식을 사용하며 그 이유는 무엇인가요? 화집을 연구해보거나 온라인으로 조사해보십시오. 주제에 대한 영상 다큐를 발견할 수도 있습니다. 또한 작가의 작품에서 특히 와닿는 것이 무엇인지 스스로에게 물어보십시오. 이미 비슷한 것을 본 적이 있습니까? 아니면 완전히 새로운 시각언어를 다루고 있나요? 이렇게 작품에 몰입하면, 그 작품이 여러분을 사로잡아 오랫동안 매력적일지 판단할 수 있습니다

스페인 미술대학 교수이자 작가인 암파로 사르드Amparo Sard(1973~)는 2000년 제가 도이치방크를 위해 조직한 젊은 학생작가를 대상으로 한 미술 공모전에서 수상했습니다. 그 후 사르드는 40회가 넘는 해외 전시회를 했고, 현재 바르셀로나 미대 조형예술 교수로 재직 중입니다. 그녀와 미술에서의 품질에 대해 이야기를 나눠봤습니다.

Q 작가님의 국제적 커리어 형성에서 가장 중요한 핵심 요소가 무엇이라고 생각하십니까?

A 프로페셔널한 경력을 갖추거나, 아트페어 같은 국제적 행사에서 전시할 수 있게 되는 것이 중요합니다. 또한 명확한 메시지를 담고, 내용과 표현에서 높은 품질을 보여주는 것도 중요합니다. 이것이 바로 '작가 브랜드'를 정의하는 것입니다.

국제 미술계에서 살아남기 위해서는 어떤 야망이 필요합니다. 해야 할 일이 많고, 글로벌 커넥션이나 '인터내셔널 비즈니스'도 생각해야 합니다. 하지만 작가가 비즈니스에 대해 이야기하는 것은 별로 좋게 들리지 않지요.

이렇게 활동하다 보면 작가의 의도를 높이 평가하고 이해 및 지원하며 또 그러면서 신뢰 있는 인간적 관계를 형성하고 협업을 이루도록 돕는, 활발하게 국제적으로도 움직이는 갤러리에게 발굴될 기회가 생깁니다.

Q 작품을 팔 경우, 누가 그것을 구매했는지 또 어디로 가는지 궁금하신지요? 궁금하다면 왜 그런지요?

A 물론 컬렉터를 알고 싶습니다. 왜냐하면 그가 제 가치관을 공유하며 제 표현 방식과 감성을 알아주니까요. 그리고 만일 작품이 좋은 컬렉션으로 구매되었다

면, 계속 성장하는 데 도움이 될 하나의 목표를 달성한 셈이지요.

Q 장래의 컬렉터에게 어떤 조언을 해주시겠어요? 그들은 미술품에 어떻게 접근해야 할까요?

A 우리가 본능과 예술적 취향을 좇아야 하는 것은 명백합니다. 예술은 적어도 구매자에게 즐거움을 주기 위해 존재하니까요. 그러나 예를 들어 투자 같은 다른 면을 추구한다면 올바른 접근방식을 찾기 위해 많이 연구하거나 이미 오랫동안 연구해온 사람들의 얘기를 들어야 할 겁니다. 그러한 탐구는 미술이 어느 방향으로 발전해갈지를 아는 데 도움이 됩니다. 그러고 나면 컬렉터는 분명 마음에 드는 작품을 발견하게 될 겁니다.

기성작가 선택 시 고려할 특성들

한 작가의 작품이 2차시장에서 거래되기 시작하면, 가격변화 및 경매된 작품의 숫자와 가격은 작가를 평가하는 데 영향을 주는 확실한 잣대가 됩니다. 판매 결과에 따라 작가 순위 리스트에 등재되며, 아직 미술관에 전시되지 않았다면 이제 점점 더 관심을 받게 됩니다. 품질 평가에서 가격이 중요한 역할을 해서는 안 되지만, 아주 젊은 신진작가를 제외하면, 가격은 의식적이건 무의식적이건 커다란 역할을 하는 사실상 기준이 되고 있습니다.

작품이 고가라면 그 작품은 좋아야만 합니다. 그런데 저렴하다면, 그리 좋지 않을까요?

작품가격 수준이 4,000만 달러에 이르렀을 때야 비로소 마크 로스코라는 화가를 처음으로 인지하게 되었다는 컬렉터들을 알고 있다고, 유명한 경매사 시몬 드 퓨리Simon de Pury가 말한 적이 있습니다. 그때서야 그들은 로스코가 흥미로워진 것입니다.[14]

기성작가의 경우에는—2차시장으로 진입하고 특히 작품이 경매에서 다뤄지게 되면—데이터가 좀 더 많이 존재하므로 가격을 기반으로 하여 평가가 쉬워집니다.

미술관과 비엔날레 전시: 작가가 국내, 국외에서 얼마나 많은 개인 전시회를 가졌습니까? 국제적 미술관 그룹전에 몇 회나 참가했습니까?

카셀 도큐멘타와 베네치아 비엔날레 참가: 어디에서 전시했나요? 미술 경제학자 로만 크로이슬Roman Kräussl은 카셀 도큐멘타에 참가했던 작가의 작품가격은 전시 후 12~18개월 안에 두 배 이상이 되었음을 확인했습니다.[15]

소장구매: 공공 컬렉션이나 미술관 또는 공공기관에서 작가의 작품을 구입했습니까?

다음의 표는 기성작가에게 가장 중요한 전통적 프레젠테이션 장소와 현재 각 분야에서 최고가 어디인지 알려줍니다.

1	**개인전** ǀ 파리 퐁피두센터, 뉴욕 구겐하임 미술관
2	**그룹전** ǀ 뉴욕 메트로폴리탄 미술관
3	**소장구매** ǀ 런던 테이트 갤러리, 뉴욕 MoMA
4	**인터내셔널 아트 전시회** ǀ 베네치아 비엔날레, 카셀 도큐멘타
5	**아트프레스 리뷰** ǀ 잡지 《아트포럼》

표 3.2 작가에게 중요한 장소들
© Ruth Polleit Riechert, 자체 연구

작가의 성공이 작품의 품질에만 달린 것은 아닙니다. 또 다른 결정적 요인으로 일반적 마케팅도 있는데 특히 언론을 통한 마케팅이 중요합니다. 제 박사논문 「2000년부터 2007년까지 21세기 컨템퍼러리 아트의 가격변동과 마케팅」에서 특정 작품의 가격상승에는 나쁜 비평도 아예 없는 것보다는 도움이 된다는 흥미로운 사실을 밝혀낼 수 있었습니다.

하나의 예가 2004년 뒤셀도르프의 한 호텔에서 코카인을 흡입하다 매춘부와 함께 적발되어 스캔들을 일으킨 독일 작가 외르크 이멘도르프Jörg Immendorff(1945~2007)입니다. 이 사건이 언론에서 큰 파동을 일으킨 후 2005년과 2006년에 그의 작품가격은 크게 상승했습니다(표 3.3).[16]

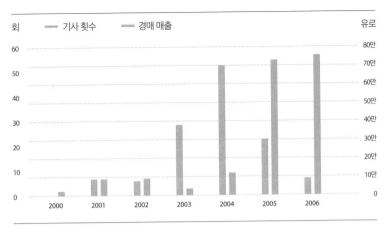

표 3.3 외르크 이멘도르프에 대한 미디어 반향(기사 횟수)과 경매 매출 추이, 2000~2006

© Ruth Polleit Riechert

출처: @Artprice by Artmarket

미디어: 작가와 그 작품 및 전시에 대해 대중매체에 얼마나 자주 어디에 기사가 실렸습니까?

출판물: 작가와 그의 전시가 카탈로그에 미술사적 텍스트로 언급되거나 전문잡지에 실렸습니까? 어디에 그리고 얼마나 빈번히 소개되었나요?

가격변화와 경매 물량: 기성작가와 블루칩 작가에게는 시장분석과 판매 기록이 추가됩니다. 경매에서 거래된 건이 얼마나 됩니까? 가격은 어떻게 변화했습니까? 승수(2장의 승수 계산 참조)가 커졌나요? 데이터뱅크가 여러분의 조사를 도와줄 겁니다.

품질평가에서 경제적 가치의 역할

미술에 관한 의견 형성 가치척도로는 20세기 이래 성공적으로 발표되어온 미술시장 미디어의 작가 순위 리스트를 반드시 언급하게 됩니다. 1970년 이래 매년 독일 잡지 《카피탈Kapital》에는 경제 및 미술 저널리스트 빌리 봉가르드Willi Bongard가 개발한 쿤스트콤파스Kunstkompass(미술 나침반)가 실립니다. 1985년 그가 사망한 후에는 미망인 린데 로어봉가르드Linde Rohr-Bongard가 이 일을 계속해오고 있습니다.

쿤스트콤파스는 기성작가klassiker와 신진작가newcomer로 구분해 현재 가장 중요한 작가 100명의 리스트를 만들어냅니다.[17] 작가의 상대적 의미를 개인전, 그룹전, 출판물, 미디어 비평, 미술관 소장구매, 수상, 공공 공간 설치 등을 고려한 점수 시스템에 의거해 계산합니다. 이렇게 계산된 점수에 시장가격을 고려하여, 이로부터 '아주 저렴하다'부터 '아주 비싸다'까지 추천 형태의 평가를 도출합니다.[18]

요즘에는 《모노폴Monopol》, 《매니저 마가진》 같은 또 다른 독일 미술시장 잡지나 아트팩츠Artfacts, 아트프라이스 같은 국제적인 온라인 공급자들도 유사한 순위 리스트를 계산해내고 있습니다. 《매니저 마가진》의 순위 리스트는 룩셈부르크 대학 경제학 교수인 로만 크로이슬이 작성합니다. 여기에 기초가 되는 것은 1970년 이래 총 500만 건이 넘는 거래에서 나온 700개 이상의 중요 경매회사들의 모든 공개 데이터입니다. 순위 리스트는 순전히 정량적 결과를 가지고 만들어집니다. 모든 순위 리스트는 결과가 조금씩 상이합니다. 그러나 미적 가치 지표를 작성한다는 공통된 목표는 늘 경제적 가치로 귀결됩니다. '공짜 미술품은 미술작품이 아니다'라는 말이 있듯이, 시장가격이 작품의 가치를 정하는 것은 분명합니다.

작가 짐 아비뇽Jim Avignon은 이에 대해 이렇게 이야기했습니다. "가격에 대한 정의가 있습니다만, 이를 인정하려는 사람은 아무도 없습니다. 작가들은 이를 무시하고, 컬렉터들은 거의 의심하지 않으며, 딜러들은 스스로 인정하는 것보다 더 많은 것을 알면서도 의도적으로 침묵합니다. 하지만 인정해야 합니다. 예술은 구매에서 비롯됩니다… 돈만이 죽은 재료를 살아 움직이게 해 기름과 펠트와 오일에 생기를 불어넣고 대리석을 예술품으로 변형시킵니다."[19]

예술은 구매에서 비롯되는 게 아니라, 작품이 장기적으로 시장에서 팔릴 때, 즉 시장원칙을 충실히 따를 때 결국 성공하게 됩니다.

작가 순위 리스트: 아트프라이스 같은 데이터뱅크는 작가의 경매 물량으로 도출된 데이터에 근거해 매출금액 순위 리스트를 만들어냅니다. 독일 잡지《카피탈》에는 1970년부터 매년 쿤스트콤파스가 게재되었는데 여기에는 거래금액뿐만 아니라 추가적 품질기준도 고려되었습니다(앞의 내용 참조). 독일《매니저 마가진》이나 인터넷공급자 아트팩츠도 작가 리스트를 게재하고 있습니다(4장 및 부록 추가정보 참조). 리스트들은 저마다 평가기준이 약간씩 다르지만 작가들에 대해 알아볼 수 있는 좋은 출발점이 됩니다.

주로 객관적으로 측정할 수 있는 이 모든 특성은 저에게 좋은 작품을 찾는 지침이 되어주었습니다.

여기서 잊으면 안 될 것이 하나 있습니다. 결정권자들에게만 아니라 여러분에게도 작품을 인식하는 데 **주관적** 요소들이 간여한다는 것입니다. 예를 들어 취향 및 교육, 일반적 트렌드, 유행 등이지요.

자신의 즉흥적인 느낌, 충동을 놓치지 마십시오. 미술작품은 감동을 주어야 하고, 그렇지 않으면 의미가 없다고 흔히 말합니다. 따라서 여러분의 상상력이 필요합니다. 보는 사람이 없다면 미술품은 반쪽짜리에 불과합니다. 상호작용에 의해서만 미술품은 그 기능을 발휘합니다.

아이들이 다른 생각은 전혀 없이 한 가지 일에 몰두하듯, 자유롭게 작품을 선택하고 해석하십시오. 맨 처음의 근본적인 충동이 가장 값진 것입니다. 다른 해석을 알게 되었다고 해서 이 충동을 지워버려서는 안 됩니다.

어떻든 **취향**이 선택에 영향을 줍니다. 마음에 드는 것과 즐겨 보는 것을 고르게 되기 때문이지요. 어쩌면 여러분은 마음에 와닿아 몰두하게 하지만 시각적으로는 굳이 마음에 들지 않는 것을 고를 수도 있습니다.

취향은 가능한 한 많은 작품을 관찰하면서 계속 다듬어질 수 있습니다. 시각적 경험과 반응은 취향을 키웁니다. 더욱 많이 볼수록 아마도 이 취향은 달라질 겁니다. 그러나 취향은 얻어지기도 합니다. 어떤 것이 아름답다는 것, 특별한 가치가 있다는 것, 그것이 오늘날 사회의 미의 원칙에 부합한다는 것을 '학습'했는지에 따라 여러분은 무의식적으로 그것이 아름답다고 인지합니다.

보통은 아이들만이 감히 유명 작가의 값비싼 작품에 대해 질문을 던집니다. "저게 도대체 무슨 낙서야?" 작품을 고를 때 마음속 아이에게 차분히 더 귀를 기울여도 됩니다. 미술품을 다룬 경험이 적은 것을 마이너스로 생각하지 마십시오.

패션의 유행과 마찬가지로 미술에서도 특정한 **트렌드**를 찾을 수 있습니다. 그러나 시대를 초월하는 것만이 오래 살아남을 것입니다. 피카소나 반 고흐도 당대에는 가치를 인정받지 못했지요. 이렇게 자문해보세요. '저 작품이 10년 후에도 계속 내 마음에 들까?' '내 주위 사람들이 비슷한 작품을 구입하지 않았어도 내가 저 작품을 살까?' '특정 작품이나 카테고리 또는 작가가 의도적으로 홍보되어 요즘 모든 사람 입에 오르내리는 것은 아닐까?'

트렌드를 확인하고 싶다면 아트페어를 가보십시오. 그곳에서 때로는 더 뚜렷하게, 때로는 덜 뚜렷하게 현재의 트렌드를 확인할 수 있습니다. 시간의 흐름에 따라 저는 무게중심이 여기저기로 옮겨지는 것을 아트페어에서 발견했습니다. 라이트박스[전광판과 조명으로 표현하는 작업]는 처음에는 아주 흥미로워서 점점 많아졌지만, 곧 사람들이 식상해하게 되었습니다. 몇 년 후에는 그림이 거의 자취를 감췄습니다. 주로 사진과 드로잉, 설치미술과 비디오가 나왔습니다. 이 역시 다시 바뀌었습니다.

작가는 트렌드에 영향 받지 않는 것이 중요합니다. 사진과 라이트박스가 유행한다고 해서 그것을 제작해서는 안 됩니다. 콘텐츠 면에도 트렌드가 있습니다. 어떤 것들은 시대정신을 반영할 수 있고 또 다른 것들은 장기적으로 보아 무의미해질 수 있습니다.

언제나 결정적 질문은 무엇이 장기적으로 지속되고 역사적으로 연관성이 있느냐는 겁니다.

이제 여러분은 전문가가 미술품의 품질을 더 잘 평가하기 위해 결정을 내리는 데 사용하는 모든 기준을 알게 되었습니다. 이 기준들을 적용해보십시오! 가능한 한 많은 질문을 던져보십시오. 이러한 방식과 기법으로 한 작품, 작가 또는 장르에 접근해보십시오. 그러면 작품을 새로운 눈으로 관찰하게 될 뿐 아니라 구매결정도 더 쉬워질 것입니다.

신규 미술품 구매자를 위한 체크리스트

저의 체크리스트는 여러분이 주위에 두고 싶은 미술품의 종류를 찾는 데 도움을 줄 것입니다. 염두에 두어야 할 것은, 여러분이 더 많은 작품을 볼수록 시간이 지남에 따라 취향도 변할 수 있다는 것입니다. 예를 들어 저에게는 칸딘스키가 예나 지금이나 가장 와닿습니다. 더 많이 볼수록 그의 미술을 더 높게 평가하게 됩니다. 하지만 제가 한동안 빠져 있었던 낭만주의 작품들은 이제는 더 이상 그렇게 매력적이지 않습니다.

다음의 내용을 체크해보세요.

- 이미 미술품을 가지고 있다면 어떤 작품이 특히 마음에 드나요? 그리고 누구의 작품인가요?
- 특히 좋아하는 작가가 있나요? 있다면 누구인가요?
- 좋아하는 작가는 어느 미술시대에 속하나요? 예를 들면 르네상스, 인상주의 또는 팝아트⋯
- 어떤 스타일이 특히 와닿나요? 예를 들면 사실주의, 구상미술 또는 추상미술⋯
- 선호하는 미술품의 종류는 무엇인가요? 회화, 판화, 조각이나 소조 또는 사진⋯
- 구상미술을 선호한다면, 좋아하는 작품에서 자주 보이는 모티브는 무엇인가요? 풍경, 초상, 정물⋯

한 작품을 투자 목적으로 구매한다면, 오피니언 파워와 앞서 설명된 시장구조를 알고 있어야 합니다. 작품을 투자 목적으로 구매하는 것이 아니라면, 무엇보다 중요한 것은 그 작품이 마음에 드는지이고, 좋은 품질을 합당한 가격에 취득하는 것입니다. 이러한 준비를 위해 반 시간 정도 할애할 것을 추천합니다. 여러분의 대답을 종이에 적어보거나 디지털 도구로 선호하는 것의 리스트를 만들어보십시오. 그것을 계속 확인하고, 더 본 것이 있으면 그에 따라 리스트를 조정해가십시오.

선호하는 작품 장르와 작가가 정해졌으면, 장소와 예산이라는 중요한 두 가지를 확정하십시오. 그리고 그에 맞춰 작품을 찾으십시오. 전시회나 미술관에서 보았던 대형 포맷이 마음에 들 수도 있습니다. 하지만 그런 크기가 비현실적이라면, 집에 둘 수 있는 작품의 최대 크기는 얼마쯤 되는지 자를 들고 확인해봐야 합니다. 그리고 그에 따라 물색해야 하지요.

예를 들어 칸딘스키가 마음에 드는데 자금에 여유가 없다면, 자신이 추상적이고 색채 강렬한 회화를 선호한다는 것을 알았으니 이런 몇 가지 조건을 충족시키는 신진 작가의 작품을 찾아볼 수 있습니다.

가격을 올바르게 추정하는 방법

미술시장에서 가격에 관해서는 무엇이든 가능해 보입니다. 실망부터 희열까지, 어떤 경우든 구매자와 판매자는 자주 놀라움을 경험하게 됩니다. 이런 것이 많은 사람에게 미술시장을 흥미롭게 하고 있습니다. 길을 찾는 데 도움이 될 수 있도록, 물론 그래서 이 책을 구입하셨겠지만, 신진작가와 기성작가 작품에 대해 가능한 한 많은 힌트를 드리겠습니다. 아시다시피 가격이 다양하기 때문에 1차시장부터 시작하겠습니다.

1차시장

작품을 1차시장에서 구입하고 싶다면 2장에서 소개된 승수 계산 모델을 가격조사에 고려할 수 있습니다. 작가가 미술대학이나 종합대학을 졸업하면 작품은 크기에 따라 통상 10~13 수준의 승수로 계산됩니다.

작가가 갤러리로 들어가게 되면 승수는 이미 언급한 바와 같이 최대 두 배까지 상승합니다. 예를 들면 12에서 24가 되지요. 크기가 100×120cm인 그림은 더 이상 2,640달러가 아니라 5,280달러가 됩니다(세금 불포함).

작가뿐만 아니라 갤러리 또는 기타 공급자에게 작품가격을 산정하는 요소에 대해 문의하는 것을 두려워해서는 안 됩니다. 진지한 공급자는 기꺼이 정보를 제공할 것입니다.

승수가 20 이상으로 발전할 경우 가격인상 근거는 여러 전시회, 수상 또는 의미 있는 판매 등이 됩니다. 승수가 높아질수록 작가 프로필에도 기재된 내용이 많아지겠지요.

작품에 작가 이름이 표시되어 있다면—대부분의 경우 그렇습니다—온라인에서 그 이름을 조사해보십시오. 모든 젊은 작가들은 자신의 웹사이트를 갖고 있습니다. 거기에 들어가 가격 확인을 요청할 수 있습니다.

갤러리에서 작품을 구입할 때는 통상 약 10퍼센트 할인을 협상할 여지가 있는데, 처음 구매하는 사람이라도 가능합니다.[20]

구매자가 작품을 다시 판매한다면 작품은 2차시장에 있게 됩니다. 아마도 가격은 올라 있겠지요. 그러면 한편으로는 가격조사가 어려워지지만, 좋은 면도 있습니다. 점점 더 많은 가격이 온라인상으로 알려지기 때문에 조사가 쉬워질 수도 있습니다.

2차시장

2차시장에서는 다음과 같은 접근방식을 추천합니다. 우선 온라인으로 탐색할 수 있습니다. 검색창에 작가 이름, 작품 제목과 함께 'sold', 'for sale' 같은 국제적으로 통용되는 단어를 입력해보십시오.

특정 그림의 가격을 알아보려 한다면 'image search'를 입력하십시오. 카메라 표시가 있는 탐색바가 나타납니다. 이를 클릭하면 찾는 그림의 이미지를 업로드하거나 그림이 나온 URL을 입력할 수 있습니다. 검색 결과로 바로 가격을 확인할 수도 있고, 또는 원매자가 누군지 알게 됩니다. 거기에서 계속 더 알아볼 수도 있고, 가격을 묻기 위해 원매자에게 연락을 취할 수도 있습니다.

1차시장에서든 2차시장에서든 조사 결과 궁극적으로 여러분이 찾는 작품의 가격은 어디에서나 동일하게 나타나야 합니다. 작품이 단 하나만 있는 유일본일 경우 크기, 모티브, 재료, 제작연도 등이 비슷한 작품은 거의 동일한 가격이 됩니다. 큰 차이가 보이면 일단 구매를 자제하고 탐색과 조사를 계속해나가십시오. 작품들이 이미 경매에 출품된 적 있다면 조사가 쉬워집니다. 경매회사의 웹사이트(부록 참조)에서 계속 검색해보면 됩니다.

작품 거래내역을 빠르게 파악하려면 아트프라이스나 아트넷 같은 데이터뱅크를 활용하십시오. 서비스 수수료가 부과되기는 합니다. 가장 작은 단위 수수료는 1일 티켓인데 한 번 알아보기에는 충분합니다. 거기에서 모든 판매된 가격을 볼 수 있으며 전반적 흐름을 잘 파악할 수 있습니다.

일반 거래에서 가격은 흔히 세금 불포함으로 제시되는 것에 유념해야 합니다. 이는 나라마다 상이한 세금과 관련이 있습니다. 그 외에도 구매 시에 배송비, 보험료 등의 추가적 비용이 발생할 수 있습니다. 항상 사전에 알아보는 것이 좋습니다.

질켄스 미술품보험중개사 CEO인 스테판 질켄스Stephan Zilkens 박사에게 미술품과 보험에 대해 알아야 할 것을 이메일로 문의했습니다.

Q 미술품보험에서 주의할 사항은 무엇인가요?

A 보험증서에 기술된 부보 범위에 항상 특별한 주의를 기울여야 합니다. 잠재적 손실형태는 다양하고 복잡할 수 있고 이와 연관해 리스크를 커버하는 것에도 커다란 차이가 있습니다. 사고 시 가장 이상적인 경우는 보험계약자가 자신의 미술품 컬렉션을 위해 전위험담보all risks coverage를 선택한 경우겠지요.

미술관과 갤러리 사이에서 '못에서 못까지'nail to nail'[전시 벽면의 못에서 못, 즉 떼어내서 다음 장소에 걸 때까지의 모든 과정을 커버한다는 의미]라는 용어로 알려진 운송방식은 전위험담보로 적용될 수 있으나 반드시 그렇게 할 필요는 없습니다. 침입과 절도같이 선별한 리스크만으로 범위를 제한할 경우 보험료가 경감됩니다.

Q 미술품과 부보액, 어느 정도가 적당할까요?

A 개인 소장이건 상업 용도건, 미술품 컬렉션을 문서로 기록하는 것은 정의되고 명시되어야 할 부보 대상과 금액을 정하는 데 항상 중요한 기초 자료가 됩니다. 특히 이것은 전손total damage이 발생하거나 파손 후 성공적 복원 작업으로도 가치하락이 생길 경우 기본 출발점이 됩니다. 전손일 경우 작품의 대체비용은 통상 분쟁의 여지가 없습니다. 소장 이력과 구입 영수증, 경매 또는 경매 기록과 유사한 형태의 전통적 증거를 문서로 남겨야 하며 작품들은 반드시 사진으로 기록되어야 합니다. 근래에 시장에는 흥미롭고 도움이 되는 앱들이 나와 있으며, 대상 작품과 관련된 주요 데이터를 포함하는 디지털 프로필을 만들 수 있습니다.

컬렉션 평가도 저희 업무에 속하는데, 중개활동의 일환으로 고객과 함께 수행합니다. 이 과정에서 저희는 손해 발생 시 스트레스테스트를 견딜 수 있을 정도의 적절한 부보액을 산정하도록 고객을 지원합니다.

Q 피해는 주로 어디에서 발생하나요?

운송이 빈번히 손해 발생 원인이 됩니다. 작품이 움직이기 시작해 여정에 오르기 전에 몇 가지 주요 포인트를 꼭 고려해야 하지요. 예를 들어 미술품 전문 운송업자와 전문적 포장 등 적절한 운송 방법을 선택해야 합니다. 포장을 하기 전에 사진 촬영을 포함한 컨디션 리포트를 작성하는 것을 권장합니다. 작품이 목적지에 도착한 후 컨디션 리포트에 명기되지 않은 변화가 발견된다면 이는 대개 운송과 연관된 사고에 연유한 것이라고 추정할 수 있습니다. 주문 제작형 또는 충격 방지와 온도·습도 조절이 가능한 운송 박스 같은 적절한 포장이 리스크를 최소화할 수는 있지만, 그렇다고 완벽히 피할 수는 없습니다.

경매 진행 방식—현장 참여와 온라인 입찰

갤러리 및 제3자공급자와 함께 경매는 미술품 거래를 위한 중요한 시장입니다. 왜냐하면 완벽한 가격투명성이 존재하기 때문입니다. 잘 조사했고 가격을 안다면 경매에서 '최고 품질을 적정한 가격으로' 아주 훌륭하게 구매할 수 있습니다.

그래서 여기에 중요한 규칙들을 모아보았습니다.

준비

경매 참가는 아주 세심하게 준비해야 합니다. 즉흥적인 응찰은 좋은 생각이 아니지요. 무엇을 찾고 있으며 무엇을 사고 싶은지 사전에 명확히 생각하십시오. 그리고 무엇보다도 가용 예산과 어떤 경우든 넘고 싶지 않은 한도를 확실히 하십시오. 또한 구매 수수료 외에 추가되는 비용도 고려해야 합니다. 이를 위해 적당한 여유 금액을 갖고 있어야 합니다.

제일 좋은 방법은 크리스티, 소더비 또는 필립스를 온라인으로 방문해서 찾고 있는 작품이나 좋아하는 작가에 대해 알아보는 겁니다.

대안으로, 아트프라이스나 아트넷 같은 유료 플랫폼을 이용해, 1일 티켓이나 1개월 구독으로 작품가격을 훑어볼 수도 있습니다. 여기에서는 개별 작가의 가격변동도 검색해볼 수 있습니다.

구매자 수수료 구조

경매에서 낙찰가격은 대개 넷프라이스입니다. 여기에 부가가치세(적용 여부와 세율은 국가에 따라 상이)와 구매 수수료premium가 추가됩니다. 이 구매자 수수료는 보통 낙찰가의 10~35퍼센트인데 유럽 평균은 25퍼센트입니다. 정확한 구매자 수수료 구조는 판매자의 웹사이트에서 볼 수 있습니다.

낙찰가에는 그 외에 **오버헤드 프리미엄**overhead-premium 1퍼센트와 추급권(재판매 보상청구권), 운송, 보험, 필요한 경우 복원, 클리닝 및 새 프레임 등의 비용이 추가됩니다.

나중에 불쾌하게 놀라지 않으려면 경매조건뿐만 아니라 작품의 상태도 사전에 알아봐야 합니다.

프랑스, 이탈리아나 독일 같은 일부 국가에서는 구매자가 이른바 **추급권** 비용을 지불하게 됩니다. 작품 원작자가 거래발생년도 말일로부터 70년 전에 사망하지 않은 경우, 이 법적 비용은 모든 조형예술과 사진 원본 작품에 계상됩니다. 재판매 시 작가 몫은 4퍼센트에서 시작합니다. 판매가격이 5만 달러를 넘어가면 퍼센티지가 내려갑니다. 한 번의 재판매로 인한 추급권 총비용은 작품이 수백만 유로에 팔렸다 해도 최대 1만 2,500달러입니다. 대부분 경매회사가 경매조건에 추급권 비용을 자세히 언급하고 있습니다.

판매자 수수료 구조

미술품을 경매에 내놓으려 한다면, 부담해야 할 여러 직간접 비용을 생각해야 합니다. 판매자 수수료seller's premium가 가장 큰 부분을 차지합니다. 여기에 운송, 보험 비용과 경우에 따라 추급권 비용이 추가됩니다. 판매자 수수료는 경매회사 대부분에서 낙찰가의 10~25퍼센트입니다. 이 금액을 낙찰가에서 공제하기 때문에 판매자가 받는 금액은 그만큼 적어집니다.

경매회사 케터러 쿤스트에는 경매 성공 시 낙찰가의 일정 퍼센트를 수수료로 지불해야 한다고 되어 있고, 소더비는 판매 시 기준수수료 10퍼센트가 있으며, 크리스티는 수수료 구조를 명백히 밝히고 있지 않으나 지불해야 하는 성과급 수수료performance fee가 있음을 알리고 있습니다.[21]

몇 년 전부터 주요 경매회사들이 판매자 수수료 이외에 **성공 수수료**를 도입하기 시작했습니다. 이것은 작품 낙찰가가 추정가를 상회할 경우 적용됩니다. 소더비의 경우 ⒜낙찰가의 2퍼센트, 또는 ⒝낙찰가와 최고 추정가의 차액 중 적은 금액이 성공 수수료가 됩니다.

만일 단 한 사람만 응찰하고 그 금액이 출품자의 내정가 하한에 못 미친다면 작품은 조건부 잠정낙찰될 수 있습니다. 이 경우 경매회사는 출품자에게 연락을 취해 동의를 요청합니다.

온라인 경매

만일 여러분이 경매에서 구매하는 것을 생각한다면, 우선 온라인 경매를 시도해보기를 권합니다. 실체적 존재가 있는 전통적 공급자(예를 들어 소더비, 크리스티 또는 케터러)의 온라인 경매와 온라인으로만 운영

되는 경매 플랫폼(예를 들어 카타위키, 아트넷, 아트프라이스) 사이에서 선택할 수 있습니다.

수수료 구조를 비교해보는 것도 가치가 있습니다. 예를 들어 아트넷은 구매자에게는 수수료를 받지 않고 판매자에게서만 받습니다. 그렇지만 여기에서도 깨알같이 적힌 여러 조건을 읽어보아야 합니다.

온라인 전용 경매에서는 해당 작품에 제시하고 싶은 금액(수수료는 감안되지 않은 금액)으로 우선 응찰할 수 있습니다. 그러고는 더 이상 그에 대해 생각하지 않는 것이 제일 좋은데, 그러다 보면 보통 이메일로 낙찰 여부를 연락받게 됩니다. 누군가가 더 높게 불렀다면 여러분은 호가를 높일 수 있지만, 스스로 설정한 금액 한도는 지켜야 합니다.

여러 회사의 상품이나 서비스 정보를 모아 하나의 웹사이트에서 제공하는 이른바 집합 마켓플레이스(예를 들어 인밸류어블, 비드스퀘어 Bidsquare.com, 라이브옥셔니어스)는 여러 경매 사이트를 하나의 플랫폼에 모아, 수많은 경매회사 경매에 대한 간략한 개요를 제공합니다. 그래서 원하는 작품을 두고 여러 판매자에게 응찰할 수 있게 됩니다. 단 한 번만 등록하면 되고 출품된 작품들의 개요를 빨리 파악할 수 있다는 장점이 있습니다.[22]

오프라인(현장) 경매

큰 경매회사의 경매현장은 우선 참관자로 가보는 것이 제일 좋습니다. 현장을 보면서 분위기와 조건에 대한 감각을 익히십시오. 현장 경매는 온라인 경매와는 커다란 차이가 있음을 알게 될 것입니다. 현장 경매라도 응찰금액을 사전에 문서로(서류나 이메일로, 자세한 사항은 해당 경매회사에 문의) 제출하면 경매현장에 가거나 전화로 계속 직접 참여하지 않아도 됩니다. 그렇게 함으로써 여러분은 안전한 상황에 있게 되고, 스스로 정한 가격한도를 넘고 싶은 유혹에 빠지지 않을 것입니다.

경매현장에서는 종종 압박감과 '남을 이기려는' 열망으로 많은 사람이 원래 생각했던 것보다 더 높은 가격으로 응찰하곤 합니다. 그렇게 하지 말고, 냉정히 생각하십시오.

장소

여태까지 전 세계 경매장소는 미술사적 시대와 뚜렷하게 관련이 있었습니다. 예를 들어 컨템퍼러리 아트는 뉴욕과 홍콩에서 잘 사고팔 수 있고, 모던 아트는 런던, 올드 마스터 작품들은 암스테르담이 주요 장소였습니다. 그러므로 여러분이 현장 경매 참가를 고려하거나 작품을 경매에 내놓으려 한다면 이상적인 장소를 선정하는 것이 중요합니다.

코로나 팬데믹 이후에는 온라인 영역이 고가 작품도 다룰 정도로 커져서, 지역적 구분은 약간 퇴색되었습니다.

판매 알림

경매회사나 플랫폼에서 관심 있는 작가나 작품을 등록하고, 작품이 매물로 나오면 자동으로 정보를 받을 수 있게 알림을 설정하십시오. 원하는 작품 리스트를 만들고 시장에 어떤 작품이 어떤 가격으로 나오는지 윤곽을 잡으십시오.

만일 여러분이 안드레아스 구르스키의 작품에 관심이 있다면 여러 경매회사나 플랫폼에서 그의 팔로워로 등록하거나 데이터뱅크에서 그를 선호 작가로 리스트에 올릴 수 있습니다. 그렇게 하면 신규 매물과 경매 결과를 즉각적으로 알 수 있습니다.

추천: 애프터 세일

경매에서는 보통 나온 작품의 약 75~85퍼센트가 팔립니다.[23] 구매자를 찾지 못한 작품들은 어떻게 될까요?

많은 사람이 모르는 사실인데, 경매 후에는 애프터 세일이 있습니다. 이때는 팔리지 않은 작품들이 다시 나옵니다. 여기에서 좋은 기회를 찾을 수 있고 가격을 흥정할 수도 있습니다.

경매 다음 주에, 그리고 통상 이후 6개월까지도 유찰된 작품들을 볼 수 있으며 최저추정가에 구매자 수수료를 더해 구입할 수 있습니다.

애프터 세일에서는 편안하게 천천히 찾아볼 수 있지요. 압박감도 없고, 작품이 호가에 팔리지 않은 사실도 알고 있습니다. 경매회사에 문의해보십시오. 추정가 아래로도 가격을 불러보십시오. 그런 다음 다시 가격을 높일 수 있습니다. 경매회사는 여러분이 제시한 가격을 판매자에게 알립니다. 판매자가 받아들인다면 거래는 성사됩니다. 그러나 여기에서도 수수료와 세금에 대해 문의하는 것을 잊으면 안 됩니다. 넷프라이스는 종종 매력적으로 보일 수 있으나 항상 몇 퍼센트가 추가됩니다.

미술품 구매 7단계

이제 여러분은 어떻게 미술의 품질을 알아보는지 알고 있습니다. 작품을 물색하고 있거나 구매하고 싶은 작품을 발견했다면 이제 어떻게 하시겠습니까?

여기가 바로 제 기법의 실제 핵심이 작동하는 곳입니다. 잘못된 판단을 내리지 않도록 항상, 정말로 항상 따라야 하는 미술품 구매 7단계입니다.

예전에 저는 미술품을 구매할 때 무엇을 주의해야 하는지 알지 못했고, 또 잘못된 결정을 내릴지 모른다는 두려움으로 인해 아무것도 사지 않았습니다. 미술사를 공부했는데도 말입니다. 그래서 조사를 시

1	**준비** | 무엇이 마음에 드는가? 어떤 것을 이미 갖고 있는가? 무엇을 찾고 있는가?
2	**목표 설정** | 작품으로 무엇을 이루고 싶은가? 얼마나 지불하려 하는가? 컬렉션을 만들려고 하는가? 투자 목적도 있는가?
3	**많이 보기** | 가능한 한 많은 작품을 볼 것
4	**정보 얻기** | 작가와 작품에 대해 알아볼 것
5	**조사연구** | 품질과 가격의 상관관계를 분석할 것
6	**검증** | 소장 이력, 작품 상태, 진본 여부를 검증할 것
7	**구매한도 설정** | 가격한도를 정할 것
!	**결정** | 추가 질문: 이 작품을 언젠가 다시 매각할 것인가?

표 3.4 미술품 구매 7단계—RPR ART® 기법

© Ruth Polleit Riechert

작했고 연구, 시장참여자 및 컬렉터들과의 대담, 스스로의 현장경험 등을 바탕으로 미술품 구매의 7단계 기법을 개발했습니다.

이 7단계 기법은 매우 실용적으로 적용할 수 있어서, 여러분이 시장에서 자신 있게 행동할 수 있게 하고, 처음 또는 다음 미술품 구매로 다가가게 할 것입니다.

1단계 현황 파악과 분석: 무엇이 마음에 드는가?

전시회에 갔을 때 어떤 종류의 미술품이 특히 마음에 드는지 스스로 물어보십시오. 그림? 사진? 아니면 조소인가요? 책에서는 어떤 표현양식을 가장 즐겨 봅니까? 여러분을 열광하게 하는 작가가 있습니까? 만일 작품을 소장하고 있다면, 현황 파악을 해보십시오. 그중에서 어느 작품이 가장 마음에 드나요? 마음에 들지 않는 작품이 있습니까? 있다면 이유가 무엇인가요?

그런 방식으로 어떤 종류의 미술품이 마음에 드는지를 알아내십시오. 이러한 질문에는 3장에 있는 신규 미술품 구매자를 위한 체크리스트도 도움이 될 것입니다.

2단계 목표 설정과 계획: 미술품으로 추구하려는 목표가 무엇인가?

이제 여러분의 장기적인 기대와 질문을 다뤄봅니다. 작품을 가지고 무엇을 이루려 합니까? 무엇을 사고 싶은가요? 그 이유는요? 더 구체적으로 말하자면, 작품을 단지 집에 두고 보려고 구입합니까? 아니면 대중에게 보여주거나 미술관에 대여할 목적으로 컬렉션을 만들어

나가고 싶은가요? 장기적으로 몇 작품이나 구입할 예정입니까? 그러기 위해 연간 예산으로 얼마를 생각합니까? 미술품 구입에 투자 목적도 있습니까? 이러한 질문들을 구매하기 전에 해봐야 합니다. 처음에는 머뭇거리며 미술품을 단지 스스로를 위해 구입할 뿐 되팔 생각이 없다고 말하더라도, 적어도 작품이 가치를 잃어가는 것은 싫고 너무 높은 가격에 구입하는 것도 원치 않을 겁니다. 맞습니까?

그래서 첫 구매 전에 이 작품으로 여러분이, 또는 훗날 여러분의 자녀들과 상속자들이 무엇을 하려 할지 아주 신중히 생각해보아야 합니다. 작품이 여러분에게 즐거움을 주지만, 최악의 경우 시장에서 팔 수 없게 되거나 가치가 없어져도, 구입할 때 지불했던 금액을 다시는 못 받게 되더라도 괜찮겠습니까?

이 모든 가정이 구매자를 영원히 못 찾으리라는 것을 의미하지는 않습니다. 작품은 여전히 새로운 애호가를 유인할 수 있으니까요. 그러나 공식 미술시장에는 매력적이지 않아서 그곳에 내놓을 수 없을 수도 있습니다.

언급된 모든 이유 때문에, 목표를 어디에 두어야 할지 구매 전에 신중히 생각해봐야 합니다.

1. 적어도 화폐가치는 유지하고 싶다.

2. 재산 증식을 원한다.

3. 돈에는 관심 없고 작품이 경제적 가치를 잃어도 상관없다. 소장하며 보는 즐

거움이 있으면 족하다.

화폐가치를 유지하고 싶다면 (1) 리스크를 줄이도록 이름 있는 클래식 작품을 선택하십시오. 꼭 유일본일 필요는 없고 에디션 작품도 가치를 유지하기에 충분합니다. 이 경우 큰 가격상승을 이루지는 못하겠지만 작가가 유명하니 아마도 지불했던 금액을 회수할 수는 있을 겁니다.

재산 증식을 원한다면 (2) 다음 두 가지 옵션 중 하나를 선택하십시오 (4장 참조).

(a) 적은 금액으로 알려지지 않은 신진작가의 작품을 구입합니다. 그 작가가 계속 잘 성장하고 작품의 시장이 존재할 것이라는 전제하에서요. 작품의 가격이 올라 팔게 되면 구입가 대비 이득이 생깁니다. 이 옵션은 작가가 좋은 조건에도 불구하고 기대만큼 성공적이지 못할 수 있다는 리스크와 연계되어 있습니다. 그런 경우라도 큰 금액을 투자한 것은 아니지요.

(b) 블루칩 작가의 작품을 구입합니다. 예를 들면 작가 순위 10위 안에 드는 유명 작가의 작품 시리즈 중 한 점인 유일본 그림입니다. 누구나 이 작가를 알고 있습니다. 작가는 자신의 시장을 구축하고 있고 작품에 대한 수요도 많습니다. 여러분은 가격을 검토한 후에 그 그림에 큰 금액을 투자합니다. 작가의 작품가격

은 지속적으로 상승합니다. 매각할 경우, 어디에 내놓을지를 알아보고 최상의 조건이 되도록 흥정합니다. 투자금을 회수할 뿐 아니라 가격상승에 따른 이득도 챙깁니다. 여러분의 화폐자산은 그 그림으로 인해 늘어나게 됩니다.

돈에 관심이 없다면 (3) 신규 미술품 구매자를 위한 체크리스트에 따라 마음에 드는 작품을 찾은 다음, 구매한 작품을 즐기면 됩니다.

세 옵션 중 어떤 것을 선택하더라도 머릿속에 넣어둘 것이 있습니다. 한 작품의 실질적 가치는 항상 보는 사람의 눈에 달렸다는 것입니다. 여러분이 이미 지불한 금액을 회수할지는 아무도 보장할 수 없습니다. 그래서 사전에 확실히 목표를 정하는 것이 아주 중요합니다.

이상적인 것은 감정적·사회적·미적 측면을 함께 추구할 수 있는 경우에만 미술품을 투자로서 구입하는 것입니다. 한두 작품만 구입하려는 게 아니라면 전략적 고려가 중요합니다. 3점이 넘어가면 이미 소규모 컬렉션이라고 할 만하니까요. 컬렉션의 주제를 찾고 콘셉트를 개발하십시오. 그렇게 해야 뒤죽박죽 수집이 아니라 의미 있는 컬렉션이 됩니다.

판매수익에 대한 기대는 종종 충족되지 않는다

불행하게도 이런 일이 가끔 발생합니다. 한 고객은 삼촌의 미술품 컬렉션에 대해 오랫동안 이야기를 들었습니다. 언젠가는 조카인 그녀가 상속받을 것이었지요. 그녀는 각 작품마다 삼촌이 얼마를 지불했고 어느 해외여행 시에 구입했는지도 알고 있었습니다. 삼촌이 사망한 후 그녀는 이 컬렉션으로 무엇을 할지 스스로 결정해야 했습니다. 물리적 공간이 모자라서 몇 점만 추려내고 나머지는 매각하기로 했지요. 삼촌의 이야기와 증빙자료로 보아 아마 판매대금이 꽤 많을 것이라고 그녀는 생각했습니다. 그런데 한 경매회사의 1차 감정 후, 선별된 작품들만 합산한 냉정한 견적이 나왔습니다.

그러자 그녀는 중립적인 추정을 위해 저한테 연락해왔습니다. 저는 경매회사의 그 낮은 추정가를 다시 확인해줄 수밖에 없었지만, 특정 작품들은 좀 더 기다리거나 다른 매각장소를 고려해보라고 권했습니다. 우리는 모든 작품을 새로 분류해 각각의 그룹을 그 부문에 특화되고 따라서 가장 높은 가격을 받을 수 있는 곳으로 보냈습니다. 그렇게 해서 결과적으로 그녀의 기대가 충족되긴 했지만, 이런 경우는 드뭅니다. 보통 개인 컬렉션의 상속인들은 실제 판매에서 받게 될 금액보다 훨씬 더 큰 금액을 기대합니다. 그래서 언제나 실망이 크지요.

3단계 보고, 보고, 또 보고─그러나 아직 구입할 때가 아니다

미술관과 갤러리의 전시들, 경매회사의 프리뷰, 아트페어 등에서 작품을 최대한 많이 보십시오. 가능하다면 현장에서 보는 것이 제일 좋고 아니면 디지털 방식도 좋습니다. 미술 양식, 클래식 작품과 트렌드 등에 대해 계속 더 나은 감을 얻을 것입니다. 추정가와 낙찰결과 리스트가 있는 경매 카탈로그도 살펴보십시오. 이것은 특정 작품과 작가의 가격구조에 대한 아이디어를 얻는 데 도움을 줍니다.

여러분이 알아야 할 것이 있습니다. 수수료가 아주 높기 때문에 갤러리 입장에서는 아트페어에서 작품이 많이 팔려야 합니다. 고가의 작품을 사고 싶어 하고 꼭 특정 작품을 손에 넣고 싶어 하는 컬렉터도 많습니다. 그래서 종종 컬렉터들은 페어가 개최되기 전에 이미 거래한 적이 있는 갤러리스트에게 특정 작품에 대해 연락을 받습니다. 이 특별한 작품은 아트페어에만 나오게 될 거라고요. 같은 정보를 갤러리스트는 다른 고객에게도 줍니다. 이렇게 해서 누가 가장 먼저 이 좋은 작품을 얻을 것인가를 놓고 경쟁이 시작되지요.

이를 노르웨이의 컬렉터 엘링 카게Erling Kagge가 확인해줍니다. "가능하다면 아트페어에서, 그것도 개최 전에 구입합니다. 아트페어에서 구입하는 것은 마치 스포츠 같습니다. 그런데 저는 스포츠를 좋아하거든요. 그건 행복의 추구보다는 추구의 행복에 가깝습니다."[24]

정당한 가격은 문제가 아닙니다. 슈퍼리치들은 경쟁으로 즐거움을 얻는 것입니다. 그러나 많은 미국 컬렉터들은 직접 페어에 가지 않습니다. 대신 아트컨설턴트를 보내 현장에서 가격을 확인하고 흥정하게 합니다.

그래서 아트페어는 구매환경을 완전히 파악할 수 있다면 과감하게 참여해볼 만한 활발한 거래장소로 인식됩니다.

이 모든 일은 페어의 공식 오프닝 이전 프리뷰 기간에 일어납니다. 대형 갤러리들은 이 며칠 동안 매출의 80퍼센트를 만들어냅니다. 다른 날들과 일반방문자들은 그리 중요치 않아서, 어떤 갤러리들은 비핵심

인력만 근무하게도 합니다. 이후 발생하는 모든 일은 사실 그저 쇼에 불과합니다.

오프닝에 초대받았는지 또는 프리뷰에 초대받았는지는 중요하지 않습니다. 볼 것이 많으니 한번 '쇼'에 참가해 천천히 주의 깊게 관찰해보십시오. 가격은 다양하고, 제일 좋은 작품들은 이미 대부분 프리프리뷰 후에 팔렸고, 정말 큰 갤러리들의 주요 관계자는 공식 오프닝에 이미 자리를 지키지 않는다는 점을 명심하십시오.

가격 표시가 보이지 않거나 사전에 가격에 대해 폭넓은 정보를 갖고 있지 않다면 절대 사지 마십시오. 후자의 경우라면 페어 마지막 날 좋은 가격을 흥정해보십시오.

> 시장을 알아보기 위해 아트페어에 가보는 것을 권장합니다. 종종 톱클래스 아트페어들은 제한된 공간에서 미술관 수준의 많은 작품을 선보이는데 이 작품들은 곧 다시 개인 소유로 사라집니다. 볼 수 있는 기회를 놓치지 마십시오.

4단계 작가 알기—시야를 넓혀줄 것

모든 것을 다 알아야 하는 것은 아닙니다. 그러나 그림이란 아주 개별적이고 개인적인 사안입니다. 구매자로서 여러분이 그림 이면에 있는 사람을 알게 되면 그림이 훨씬 흥미로워집니다.

이미 사망한 작가의 경우 전기를 읽을 수 있습니다. 젊은 작가라면 그들을 커리어 초기에 직접 만나보고 궁금한 질문도 던지며 발전을 지켜볼 기회가 있습니다. 이런 것들이 여러분의 삶을 풍요롭게 해줄 것입니다. 우선 미술대학을 둘러보는 **투어로** 시작해보십시오. 마음에 드는 작품의 작가와 접촉해보십시오. 아틀리에 방문 약속도 잡아보십시오.

저는 이런 활동을 20년 동안 해왔습니다. 그전에 이미 미술사를 공부했지만 현장 방문이 저를 미술에 눈뜨게 해주었습니다. 이론을 아는 것은 한쪽 면에 지나지 않습니다. 물감 냄새를 맡고, 작업실에 직접 가서 작품이 만들어지는 현장을 보는 것은 또 다른 면입니다. 그곳에서 불꽃이 튀어 평생 기쁨과 활력을 가져다줄 수도 있습니다.

복도에서는 유화물감과 테레빈유 냄새가 풍겼습니다. 몇몇 방에서는 냄새가 벌써 문틈으로 새어 나오는 것 같았어요. 벽에는 희게 회칠이 되어 있고 바닥에는 석판이 깔려 있었습니다. 내 신발 밑창이 바닥에 부딪는 소리가 났습니다. 모든 문은 닫혀 있었지요. 문들은 새어 나가고 싶은 커다란 비밀을 품고 있는 것처럼 보였습니다. 그림들은 뒷면밖에 볼 수 없었습니다. 그냥 벽에 기대어져 있었어요.

저는 뒤셀도르프 미술대학에 있었습니다. 여기에서 세계적으로 유명한 교수의 마이스터쉴러를 만나기로 되어 있었습니다. 저는 계속 계단을 올라갔습니다. 방을 결국 찾았지요. 손글씨로 쓴 작은 쪽지가 문에 핀으로 꽂혀 있었습니다. 작가 세 명의 이름이 적혀 있었어요.

노크를 하자, 마이스터쉴러의 친절해 보이는 얼굴이 문밖에 나타났습니다. 그녀는 들어오라고 했습니다. 저는 그제야 마침내 비밀의 장소에 있게 되었습니다. 처음으로 문 뒤에—작품이 만들어지는 바로 그곳에 들어선 것이었지요.

작업실은 햇빛으로 가득 차 있었습니다. 빨강과 파랑, 연보라, 노랑과 녹색의 다채로운 물감 얼룩이 바닥에 튀어 있었습니다. 몇몇 군데는 천으로 덮였고 어떤 곳은 덮여 있지 않았습니다. 벽에도 곳곳에 색깔 줄무늬가 보였습니다. 캔버스에 채색하면서 남긴 흔적일 터였죠. 벽에는 그림이 몇 점 걸려 있었습니다. 작은 책상과 작업대가 몇 개 놓여 있었지요. 붓들이 여기저기에 있었습니다. 다양한 크기로, 물감을 묻힌 채, 병 속에도, 바닥에도, 책상들 위에도요.

"오셔서 좋네요." 젊은 그녀가 말했습니다. "저는 여기서 작업해요. 방은 다른 학생 두 명과 나눠 쓰고 있습니다." 벽에는 그녀가 저에게 보여줄 작품이 걸려 있었습니다. 작품은 작업이 이미 완성된 상태로 차분함과 집중력을 뿜어내, 작업실 안의 혼란과는 뚜렷하게 대비되었습니다. 그녀는 네 점의 그림을 보여주었고, 대화가 시작된 뒤에는 아직 완전히 마무리되지 않은 또 하나의 작품도 보여주었습니다. 그녀의 개성이 작품들을 덮고 있었습니다. 조금씩 저는 그녀가 어떻게 그리며 언제부터 그렸고 또 왜 그렸는지를 알게 되었습니다. 그 모든 것이 그녀의 그림에 비치는 것 같았어요. 어쩌면 아니었을까요? 용기 있게 삶의 여러 주제와 마주하며 자신을 작품 속에 내면화하는 다양한 면을 가진 한 사람을 저는 보게 되었습니다. 죽 돌아보았을 때 이미 마음에 들었던 그림들은 이제 생명력까지 얻어 개인적이고 매력적인 이야기를 들려주었습니다. 국제적으로 명망 있는 작가인 교수가 그녀의 발전에 어떤 영향을 주었는지를 이야기하게 된 건 대화를 한참 나눈 후였습니다.

여러분이 작가를 개인적으로 알 수 없거나 알고 싶지 않다면, 적어도 온라인으로라도 자세한 조사를 해보십시오. 작가의 이름을 검색해보면, 아마도 웹사이트, 소속된 갤러리, 기사, 매물로 등록된 작품, 비디오, 작가 소셜미디어 등을 만나게 될 것입니다. 이를 통해 작품에 얼마나 더 가까이 다가가고 또 그의 예술을 얼마나 더 깊이 경험할 수 있는지 알게 될 것입니다.

또한 요즘은 온라인으로 작가와의 대화에 참여할 기회가 많이 있습니다. 미술관, 갤러리, 판매 플랫폼이 이런 기회를 제공합니다.

이제 중요한 준비를 마치고 구체적으로 한 작품이 마음에 들어 구매를 고려하게 되었다면, 다음과 같이 진행하십시오:

5단계 품질과 가격을 조사 연구하되 즉흥적 구매는 금물

작가의 작품, 캐릭터, 작업 경향 등을 모두 조사연구해보십시오. 얻을 수 있는 정보는 모두 수집하십시오. 시간을 충분히 갖고 작가의 변화와 발전을 관찰해보십시오. 작품의 품질을 작가가 받은 교육과 수상 경력, 독창성과 진본성, 전시 및 출판 활동, 가격 및 시장 변화 등 이미 설명한 기준의 도움을 받아 검증해보십시오. 기술한 1차시장에서의 승수 계산 방법이나 2차시장에 존재하는 판매 및 낙찰 기록에 의거해 제시된 가격을 조사하고 검증하십시오. 점점 많아지는 인터넷상의 데이터가 가격비교를 가능하게 합니다.

그리고 무엇보다도, 품질과 가격을 검증하기 전에는 이동 중이나 휴가 중에 즉흥적으로 구입하지 마십시오.

6단계 진본 여부, 소장 이력, 상태를 검증하고 필요 시 전문가의 도움을 받을 것

시장에 있는 모든 작품의 30~50퍼센트가 위조품일 수 있다고 추정되므로 작품 구매 전에 출처와 진본 여부를 확인해야 합니다.

아마도 이는 미술작품에 디지털 인증을 부여할 수 있게 하는 새로운 블록체인 테크놀로지와 함께 바뀔 것입니다. 그러나 몇 세대에 해당하는 시간이 필요할 수 있습니다. 이미 여러 번 시장에 출품되고 매각된 작품들은 아마 더 이상 등록되지 않을 겁니다.

작품을 1차시장에서 구입한다면 진본임을 검증하기가 확실히 더 쉽습니다. 작가에게서 직접 사는 경우에는 작품에 서명이 있는지 확인하고 추가로 진본 인증서를 받으십시오.

인증서에는 작품 사진이 있고 제목, 크기, 재료, 제작연도 등의 정보 및 원본임을 확인하는 작가 서명이 들어 있습니다. 인증서가 자동으로 같이 제공되지 않는다면 원칙적으로 모든 원매자에게 이를 요구해야 합니다. 이 인증서는 구입 영수증과 함께 잘 보관하십시오.

2차시장에서는 소장 이력 파악을 위해 작품이 현재의 소유자 이전에 어디에 있었는지에 대한 정보가 필요합니다. 그러나 많은 경우 판매자가 작품 매각이 공개되는 것을 원치 않기에 일반적으로 개인 이름은 알려주지 않을 것입니다. 소장 이력에는 흔히 이렇게 표현됩니다. "작가소유 – XX갤러리 – Private Collection XX, in XX(지역)." 작가의 인증서가 있다면 아주 도움이 됩니다.

특히 게르하르트 리히터 같은 전문 작가들은 본인 웹사이트에 작품 리스트도 올려놓았기 때문에, 해당 작품이 실제 존재하는지를 거기서 확인할 수 있습니다.

이미 사망한 작가의 경우에는 누가 유산 작품을 관리하는지 파악하는 게 중요합니다. 그곳으로 확인을 의뢰할 수 있습니다.

그럼에도 확신이 없거나 정보를 충분히 얻지 못했다면, 전문가를 고용해 작품을 감정하게 하십시오. 미술사학자 또는 미술품감정사 협회(부록 참조)를 통하면 인근의 담당자를 소개받을 수 있습니다. 경매회사들도 각 분야의 전문가를 회사 내에 보유하고 있어 구속력 없는 감정서비스를 제공합니다. 작품이 제작되었다고 추정되는 연도만큼 물감이 오래되었는지를 검증하는 전문분야 테스트는 이 작업에 특화된 회사들이 수행합니다(회사명 부록 참조).

2차시장에서는 작품 컨디션 리포트도 필요한데, 특히 오래된 작품이나 에디션 작품 또는 복원된 작품일 경우 그렇습니다. 복원 작품의 경우 복원 리포트도 요구해야 합니다. 이 모든 증빙자료는 문서로 제공되어야 합니다.

7단계 일반 거래 및 경매에서 최고 구입가 설정

경매란 가능한 한 높은 가격을 얻어내기 위해 존재합니다. 그러나 갤러리와는 다르게 경매는 민주적이고 투명한 판매 프로세스를 제공하지요. 갤러리가 작가를 대리하고 그의 커리어를 지원하려 하는 반면, 경매회사의 목표는 오로지 판매입니다. 경매에서는 대기자 리스트에 이름을 올릴 필요도, 회사소유주를 알 필요도 없습니다.

경매에 부쳐질 작품 중에서 관심이 가는 것을 발견했다면, 이미 설명한 바대로 추진하고, 구체적인 가격한도를 설정하십시오. 어떤 작품을 갤러리나 미술상에서 발견한 경우에도 가격한도는 세워두어야 합니다. 여러분이 조사한 것보다 너무 비싼 경우도 있을 겁니다. 여기에서는 물론 흥정을 할 수 있습니다. 여러분이 제시하는 가격의 근거를 설명할 수 있도록 철저하게 준비하고, 그 가격에서 물러나지 마십시오.

마지막으로 중요한 한 가지: 되팔고 싶지 않은 작품만 구입할 것

즉흥적으로 구입하지 말고, 가능하다면 작품을 오랜 시간 여러 각도에서, 하루 중 다른 시간대에도 관찰하십시오. 계속 매력적입니까? 계속 뭔가 새로운 것이 발견됩니까? 그림이 머릿속을 떠나지 않습니까? 아니면 얼마간 시간이 지난 후 식상해지고 더 이상 눈에 들어오지 않습니까?

작품을 투자 목적으로 구입하려는 경우에도, 작품이 너무 마음에 들어서 언젠가 다시 판다는 것을 상상할 수 없을 경우에만 구입하십시오.

사실 이것은 투자가 워런 버핏의 원칙 중 하나인데, 구매 결정과 미술품 투자의 보조도구로 4장에서 소개하겠습니다.

새로운 테크놀로지가 미술품 구매에 어떻게 도움이 되는가

작품은 이제까지는 미술관에서만 볼 수 있었고 갤러리를 통해서만 구입할 수 있었지만 최근 들어서는 새로운 테크놀로지의 발달에 힘입어 아주 많은 가능성이 생겨났습니다. 여러분은 작품을 미술관 웹사이트에서 남에게 방해받지 않고 볼 수 있으며, 플랫폼에서 구매할 수 있고, 작가와 직접 연락할 수도 있습니다.

이런 기술적 혁신은 미술세계로 진입하는 통로를 넓혀줄 뿐만 아니라 작품 판매가 빠르게 이루어지게 하고, 미술업계 회사들의 운영방식을 근본적으로 변화시키고 있습니다.

테크놀로지는 미술품을 매매하는 방식을 세 가지 결정적 단계에서 변화시켰습니다. 각각의 단계는 전시, 지불, 새로운 미술 비즈니스 모델에 따른 소유권 변경 단계입니다.

테크놀로지는 작품의 생산까지 변화시키며 문서화를 지원합니다.

디지털아트의 창작

예술적일 수 있는 새로운 잠재적 가능성이 나타날 때마다 예술가가 이를 활용할 방법을 모색한다는 것은 확실합니다. 테크놀로지는 작품을 창작하는 새롭고 흥미진진한 방법을 많이 만들어줍니다. 그리고 작가들도 테크놀로지 연구를 두려워하지 않습니다.

디지털아트와 비디오아트는 지난 몇 년 동안 점점 인기를 얻었고 작가들은 이런 미디어를 사용해 많은 혁신적 작품을 만들었습니다. 최근에는 작가들이 작품 제작을 위해 가상현실과 증강현실에서 디지털 디자인과 3D 프린터까지 온갖 범주의 새롭고 진화된 기법도 사용하고 있습니다.

또 다른 경우에서는 기술 자체가 완성된 작품의 부분이 되기도 합니다. 관객들은 연기와 형형색색 레이저 광선 사이를 걸으면서 작품의 일부인 빛으로 구조와 그림을 직접 만들어냅니다. 테크놀로지는 작가가 상호작용적이고 다이내믹한 작품을 만들 수 있게 합니다.

디지털 문서화와 아카이빙을 통한 문화유산 보존

모든 작품은 시장에 새로 진입하면 디지털 여권을 취득할 수 있습니다. 그러면 보험, 운송 및 통관 절차와 진본 검증이 현저히 간단해질 뿐 아니라 소장 이력도 확실해집니다.

새로운 디지털 가능성을 통해 모든 작가는 자신의 작품을 게시하고 문서화할 수 있습니다. 망각 속으로 사라질 작품이 없게 되지만, 작품이 미술시장에서 성공하는 것은 또 다른 문제겠지요.

전 세계 미술로의 직접 통로: 미술관과 전시회 가상 방문

가상현실 기술은 명작들을 사람들과 더 가깝게 해주고, 예술적 비전과 작품 내력을 더 폭넓은 대중에게 전달하도록 도와줍니다.

근래에 세계적으로 유명한 많은 미술관이, 이 방식이 아니면 방문할 수 없을 전 세계 관람객에게 문을 열기 위해 온라인투어를 편성하고 있습니다.

또한 많은 미술관이 컬렉션과 아카이브를 3D로 디지털화하려고 시도하는데, 이는 새로운 강력한 마케팅 도구입니다. 방문자들은 언제든지 온라인으로 컬렉션에 쉽게 접근할 수 있게 됩니다. 이는 다른 관광객에게 방해받지 않고 〈모나리자Mona Lisa〉를 가까이서 관찰할 수 있거나 미켈란젤로의 〈다비드David〉상을 세밀히 살펴볼 수 있음을 의미합니다.

점점 더 많은 미술관과 갤러리가 사람들이 미술을 배우고 즐길 수 있도록 앱 기술도 활용하고 있습니다. 모바일 앱 덕분에 단 한 번의 클릭으로 질문에 대한 답을 얻을 수 있고, 앱이 가상의 여행가이드 역할을 하기도 합니다. 이런 앱에는 인터랙티브 맵, 전시 관련 동영상, 오디오투어 등이 포함될 수 있습니다.

뉴욕 메트로폴리탄 미술관의 디지털, 교육, 출판, 이미징, 도서관, 라이브 아트 담당 부국장인 잉카 드뢰게뮐러Inka Drögemüller와 줌을 통해 대담했습니다. 미술계의 디지털화와 미술에 관심 있는 사람들이 어떤 새로운 가능성을 이용할 수 있는지를 주제로 삼았습니다.

Q 지난 몇 년간 작품 프레젠테이션과 중개를 위한 디지털의 가능성이 급격히 향상되었습니다. 어떤 것이 미술을 위한 기회이자 도전이라고 생각하시는지요?
A 우선 강조하고 싶은 것은, 작품을 실물로 본다는 것은 무엇으로도 대신할 수 없다는 점입니다. 그래서 어떻게 작품 감상 경험을 온라인으로 전달할 수 있을

지가 가장 큰 과제입니다.

그래서 저희는 예를 들어 맨해튼 북쪽에 있는 예전 수도원인 메트 클로이스터스에서 음악 프로그램 '소닉 클로이스터스Sonic Cloisters'를 시작했습니다. 이 명망 있고 열정적인 아티스트들의 전자음악 퍼포먼스 시리즈를 저희 유튜브와 페이스북 채널뿐만 아니라 라이브스트리밍 비디오포털인 트위치에도 올렸습니다. 후자의 경우는 시청자끼리의 교류도 가능하게 합니다. 덕분에 저희가 한 걸음 더 발전했지요. 제 경험상 전체적으로 기회가 아주 커졌습니다. 무엇보다도 작품 맥락 전달에서 디지털화가 새로운 기회를 제공하고 있습니다. 특히 메트 라이브아트MetLivesArt 이벤트 같은 영상은 강력한 반응을 얻어낼 수 있었습니다. 매 이벤트마다 유튜브와 페이스북에 10만 명까지 방문자를 유치하는데, 이는 아날로그 방식으로는 절대로 다다를 수 없었을 숫자입니다.

Q 메트로폴리탄 미술관에서 2019년 이래 현재의 업무를 담당하고 계십니다. 디지털 분야의 다음 혁신 단계는 무엇이 될까요?

A 아날로그와 디지털 양쪽을 모두 갖고 가는 것이 여러 분야에서 장점이 있기 때문에, 기본적으로 저희는 하이브리드 방식을 유지할 것이고 계속 확장해나갈 것입니다.

동영상으로 기록해 저희 웹사이트와 소셜미디어 채널에 띄우는 오프닝을 통해, 아날로그로는 초대할 수 없었을 전 세계 청중에게 디지털로 다가갑니다. 이제는 어떻게 이 서비스들을 다양한 언어—예를 들어 표준중국어—로 제공하고, 다양한 시간대에 온라인으로 프레젠테이션해 여러 대륙의 사람들에게 동시에 접근할 수 있을지 연구하고 있습니다.

또한 미술관이 현지인 및 전 세계 사람들과 어떻게 협업할 수 있는지에 대해 각국의 학자, 미술작가, 소설가, 공연자 및 활동가가 의견을 교환한 3일간의 대담 시리즈인 심포지엄 '피플People'도 아주 성공적이었습니다. 저희가 아주 많은 사람에게 다다랐다는 것뿐 아니라 모든 참가희망자가 참여할 수 있었다는 면에서도 성공이 있지요. 이것은 아날로그로는 일반직으로 가능하지 않습니다. 그뿐 아니라 여행경비 부담이 너무 크지요. 적은 비용으로 많은 것을 이뤄낼 수 있으니 이 부문에서는 확실히 이 형태로 계속 나아갈 겁니다.

증강현실과 인공지능도 또 다른 가능성입니다. 증강현실을 이용해 메트로폴리탄 미술관의 작품을 가상으로 집에 가져갈 수 있는 프로젝트를 저희는 이미 인스타그램을 통해 구현했습니다. 인공지능으로는 예를 들어 이런 서비스를 다른 언어로 번역할 수 있습니다.

장래에는 아이들에게도 미술로 향하는 문을 열어주기 위해 '교육' 부문의 가능성을 계속 연구할 것입니다. 특히 학교에 다니지 않거나 미술교육을 받지 못하는 어린이들을 위해서요. 여기에도 많은 디지털 옵션이 있습니다. 전체적으로 보면 저희의 목표는 메트로폴리탄 미술관을 가능한 한 개방적이고 접근하기 쉬운 기관으로 만드는 것입니다.

Q 미술시장 입문자들에게 어떤 디지털 가능성을 활용해야 한다고 권하십니까?

A 처음으로 작품을 구입하려는 미술애호가들은 본인의 직감을 따라야 합니다. 작품이 마음에 들거나 와닿는 데는 분명 이유가 있습니다. 그 이유가 무엇인지 알아보고 자신만의 길을 가며 계속 읽고 배우고 보고 이해해야 합니다. 그리고 한 사람의 갤러리스트에게만 조언을 받아서는 안 됩니다. 그랬다가는 모든 컬렉션이 종국에는 동일해 보일 테니까요.

저는 작가를 개인적으로 만나는 기회에서 항상 많은 영감을 받았습니다. 이것은 아날로그로는, 특히 유명 작가일 경우에는 그리 쉽지 않습니다. 여기에서도 역시 가상현실이, 예를 들어 작가와 대화할 수 있고 그래서 작가에 대해 이해할 기회를 제공합니다. 가상현실이 아니면 대화를 위해 그를 만나기가 쉽지 않겠지요.

작가, 작품, 가격에 대한 조사가 간편해진다

스마티파이Smartify 같은 많은 판매자가 수없이 많은 작품의 데이터와 정보를 무료로 제공하지만, 경매 데이터를 제공하는 앞서 언급한 데이터뱅크들은 유료입니다. 유료서비스를 이용하면 작품이 언제 어디서 경매에 출품되는지에 대한 정보에 접근할 수 있고 또 가격비교를 위해 유사한 작품을 찾을 수도 있습니다. 그뿐 아니라 위시리스트도 만들 수 있어, 시장에 해당 매물이 올라오면 자동으로 통보받을 수 있습니다. 예를 들어 런던의 아트택틱ArtTactic은 20년 전에 분석서비스 구축을 시작했습니다.

아트택틱의 설립자이자 CEO인 앤더스 페터슨Anders Petterson에게 회사의 발전 과정에 대해 이메일로 문의했습니다.

Q 약 20년 전 회사를 설립할 때의 비전은 무엇이었습니까?

A 가장 중요한 목표는 교육, 정보 및 연구를 통해 미술시장에 더 많은 투명성을 제공하는 것이었습니다—지금도 항상 마찬가지입니다. 그러면 더 많은 사람이 기꺼이 참여하고, 그래서 의사결정에 대한 자신감을 높일 수 있게 될 거라고 저는 믿있습니다. 저는 1990년대 중반 JP모건에서 일을 시작했고 1999년 데이터 기반 산업을 떠났습니다. 미술시장에는 데이터와 독립적 연구가 부족하다는 감이 있었습니다. 당시 미술시장은 폐쇄적인 구조여서 내부자들만 광범위한 정보과 데이터에 접근할 수 있었습니다. 금융 분야의 옛 동료들과 상의해보니 그들이 미술품을 사지 않거나 투자하지 않는 주된 이유 중 하나가 필요한 지식과 확신이 없기 때문이라는 것이 명백해졌습니다. 대부분은 미술시장에 대한 데이터, 정보, 조사에 어떻게 접근해야 하는지 모르거나 알 수 없는 위치에 있는 것에 기인했습니다. 이것이 아트택틱의 출발점이었습니다. 친숙한 언어를 사용하고 데이터, 도구 및 분석을 미술시장의 본질에 적용하기 위해 금융연구의 구조와 디자인을 차용하기로 의도적으로 결정했습니다.

Q 극복해야 했던 가장 큰 도전은 무엇이었으며, 지금까지 가장 큰 성과는 무엇인지요?

A 데이터와 조사 결과를 의사결정과정의 일부분으로 사용하는 데 대한 저항을 극복하는 것이 가장 큰 도전이었다고 생각합니다. 처음 시작했을 때는 결정이 데이터와 조사를 근거로 내려지지 않고 관계, 네트워크 및 신뢰를 기반으로 이루어졌습니다. 외부 사람이 내부에서 미술계를 논평한다는 사실은 초기 몇 년간 커다란 회의를 불러일으켰습니다. 그러나 성과와 일관성으로 회의론자들을 점차 설득해나갔습니다. 미술시장이 세계적인 경제 분야로 발전하기 시작하면서, 데이터와 연구조사에 대한 수요가 특히 새로운 구매자와 컬렉터 및 미술시

장에 진입하는 새로운 기업으로부터 증가했습니다.

Q 장래의 컬렉터는 아트택틱에서 어떤 이점을 취할 수 있습니까?
A 어떤 일을 하든 좋은 교육이 근본적으로 중요하다고 생각합니다. 아트택틱은
2004년부터 연구와 지식을 바탕으로 정보를 제공하고 있습니다. 저희는 이미
일련의 온라인 강좌를 시작했으며 미술시장의 새로운 변화에 대응하고자 새로
운 강좌도 개발하고 있습니다. 수년간 교육을 신규 고객 확보의 출발점으로 활
용해왔으며, 고객들이 시장의 메커니즘을 파악하고 나서 지식을 넓히고 관심을
높이는 도구로 정보와 연구를 이용하고 있습니다.

미술품 구매가 점점 간단하고 투명해진다

인터넷, 가상현실과 증강현실, 블록체인, 암호화폐 (이제 곧 인공지능
도) 같은 테크놀로지가 미술품 판매 방식도 변화시키고 있습니다.

디지털 마켓플레이스는 그 언제보다도 많은 작품을 매물로 내놓고
있는데, 예전에는 갤러리가 부족해 닫혀 있던 시장에 작가들이 진입할
수 있게 하기 때문입니다.

미래에는 증강현실 및 가상현실을 이용해 컴퓨터로 가상 판매공간
에 들어가 미술작품을 볼 수 있게 될 것입니다.

물리적 미술품 구매 또한 더 쉬워질 것입니다. 세계 어디서나 컬렉
션을 검색하고 경매에 참여해 응찰하고 거래를 신속히 체결하는 것이
이제는 가능합니다. 구매자와 판매자는 디지털로 상호작용할 수 있어,

미술품 판매 횟수와 거래가 이루어지는 속도를 높입니다. 구매를 위해 더 이상 직접 갤러리나 아트페어를 방문하거나 경매에 참여하지 않아도 됩니다. 이러한 방식으로 테크놀로지를 통해 더 많은 대중에게 다가갈 수 있습니다.

공급자 플랫폼의 일부 기능이나 앱(부록 참조)들은 여러분이 선호하는 작품을 미리보기용 벽면에 시뮬레이션하고 거기에 디지털 방식으로 설치하는 것도 가능하게 합니다. 이렇게 하면 '테스트로 걸어보기'를 하지 않아도 작품이 계획한 장소에서 어떻게 보일지를 구입 전에 검증해볼 수 있습니다.

블록체인 기술의 출현으로 진본 여부와 소장 이력 확인뿐만 아니라 거래에도 결정적 변화가 생겼습니다. 예전에는 이러한 내용을 광범위하게 문서화해야 했으나 이제는 탈중앙화된 장부나 블록체인에 변조불가능하게 등록할 수 있습니다. 제시가격 또한 거기에 기록될 수 있고 거래체결을 확정할 수 있어, 판매가 빠르게 이루어지고 동시에 미술계에서 중요한 전제조건인 참여자의 개인정보 보호가 가능하게 됩니다.

블록체인 기술과 애초에 블록체인을 가능케 하는 디지털 화폐인 암호화폐는 아직 시작 단계에 있지만 그로부터 만들어지는 가능성은 놀라울 정도입니다. 이 블록체인 기술과 암호화폐는 미술품 거래가 빨리, 정확히 또 투명하게 이루어질 수 있도록 그 방식을 바꾸고 있습니다.

'디지털 혁명', 2014, 런던 바비칸센터

이 디지털 미술전시회는 영국 《더 타임스*The Times*》가 "획기적인 쇼"로 표현한 바 있습니다. 이 예술 행사의 목적은 1970년대 이래 '테크놀로지를 통한 미술의 변화'를 축하하는 것이었는데, 여기에 다양한 디지털아트 장르의 중요한 작가들이 모였습니다. 관객들은 비외르크^Björk, 크리스 밀크^Chris Milk, 에런 코블린^Aaron Koblin 또는 라파엘 로자노헤머^Rafael Lozano-Hemmer 및 다른 여러 작가의 작품 및 설치물을 보고 즐길 수 있었습니다. 이 이벤트는 또한 미래를 내다보아 증강현실, 인공지능, 웨어러블 테크놀로지 및 3D 프린팅이 가져다줄 창조적 가능성에 관심을 두었습니다.

새로운 디지털 패키징으로 투자로서의 미술품 구매가 더욱 간단해진다

여러분이 기업의 지분을 구입할 수 있듯이, 요즘 다양한 공급업체들이 작품의 디지털 '지분' 구입을 가능하게 만들고 있습니다. 굳이 한 작품 전체를 구입하지 않아도 되기 때문에 적은 비용으로 미술품에 투자할 수 있습니다. 개별 작품의 거래상황 및 가치변화는 플랫폼을 통해 투명하게 확인할 수 있습니다. 종종 암호화폐가 지불수단으로 받아들여집니다.

이러한 '아트테크^arttech' 투자 플랫폼들은 작품 지분을 다양한 규모로 제공하고 있습니다. 이 새로운 모델 덕분에 미술시장에 참여하고 명작의 지분을 소유할 가능성이 많은 사람에게 열렸습니다. 이 참여모델 아트 프랙셔닝^art fractioning은 전통적 미술품 펀드의 개선된 형태이며 이에 대해서는 4장에서 더 자세히 설명할 것입니다.

또한 미술시장에서는 이미 거래가 비트코인 같은 암호화폐로 이루어지고 있습니다. 현재 형태의 암호화폐가 미래에는 표준이 되어 불환지폐나 각국 화폐를 대체할지를 말하는 것은 아마 너무 이르겠지만, 새로운 테크놀로지들은, 무엇보다 블록체인은, 미술품 매매 방식에 계속해서 영향을 줄 것입니다.

기술 발전과 함께 미술시장 서비스 분야에는 계속해서 새로운 비즈니스 모델이 생겨납니다. 새로운 서비스들은 특히 미술관과 운송회사의 탁송·통관·진본 확인 시 프로세스를 단순화해주거나 아트 컬렉션의 소장품 문서화를 지원하고, 갤러리와 경매회사의 판매를 돕습니다. 아트로직ArtLogis, 아트갤러리아Artgalleria, 스위스 회사 포아테크놀로지스4ARTechnologies 등이 테크놀로지를 통해 프로세스를 단순화하려는 서비스 제공업체들입니다.

포아테크놀로지스의 디렉터인 디노 레브코비치Dino Lewkowicz에게 그의 회사가 미술시장을 위해 어떤 부가가치를 만들어냈는지 이메일로 문의했습니다.

당사는 최신 디지털 기술의 총체적 생태계를 제공하고 현재와 미래 미술계의 여러 도전에 답하고 있습니다. 특허 등록된 지문인식 기술은 디지털세계에서 안전한 열쇠로 쓰이며, 작품을 명확히 식별할 수 있게 하고 문서와 불가분하게 연결합니다. 블록체인 기반으로 활성화된 소장 이력은 대상 작품의 모든 움직임을 자동으로 인식합니다. 완벽한 디지털 컨디션 리포트는 이 필수 수단을 표준화하며 전 세계 미술품 거래를 투명하고 비용효율적으로 만듭니다. 증강현실 기능이 있는 통합 가상현실 갤러리는 전 세계의 작품을 경험하는 새로운 방법을 제공하며 확신을 가지고 구매할 수 있게 합니다. NFT+를 통해 물리적 실체가 있는 작품과 디지털 작품이 처음으로 동등하게 컬렉션 아이템이 되었습니다.

NFT, 블록체인 및 디지털아트를 위한 새로운 시장은 잠시 뜨는 것일까, 아니면 미래의 시장일까?

기술혁신은 미술시장을 변화시킵니다. NFT 시장에는 관심 있는 사람 누구나 참여할 수 있으며 가격과 거래를 완전히 투명하게 들여다볼 수 있습니다. 작가들은 갤러리의 바늘구멍을 통과할 필요 없이, 또 그래서 판매가격의 반을 갤러리에 떼어주지 않고도 작품을 시장에 내놓을 수 있습니다. 위조가 방지된 작품이 거치는 루트는 빈틈없이 추적가능하며, 작가들은 작품이 다시 팔릴 때마다 판매금액의 일부를 가져갈 권한이 생겼습니다.

디지털아트 시장은 지금은 작은 틈새시장이지만, 새롭고 젊고 기술에 익숙한 대중을 끌어들이고 있습니다. 기록적 가격은 단기적으로 과열된 투기 때문이거나 거품일 수도 있으며 향후 추이는 예측하기 어렵습니다. 확실한 것은 NFT 시장이 미술시장의 투명성과 민주화를 위한 신호탄이 되리라는 점입니다. 이것은 미술사에서 새로운 장이 될 수 있으며, 그 전제조건은 이미 마련되었습니다. 뉴욕의 페이스 갤러리 같은 메가 플레이어들은 이미 자체 플랫폼을 통해 NFT 판매를 시작했고, 크리스티는 아시아에서 NFT를 경매로 판매한 첫 경매회사이며, 소더비는 디지털아트와 NFT를 위한 자체 플랫폼 소더비 메타버스를 만들었습니다. 데미안 허스트 같은 유명 작가들도 직접 NFT아트를 제공합니다. 미술관들도 NFT를 추가적 수입원으로 인식하기 시작했습니다. 첫 번째 크립토아트 페어가 뉴욕 타임스스퀘어에서 명망 있는 잡지《쿤스트포룸Kunstforum》를 미디어 파트너로 NFT 매거진the NFT Magazine 플랫폼에서 열렸습니다.

NFT 시장은 급격히 변화했습니다. 처음에는 주로 애니메이션, 디지털 작품 스틸이미지나 실제 작품 스틸이미지 NFT가 판매되었고, 이후에는 제너레이티브아트generative art 또는 알고리즘아트라 불리는 코드 생성 오브젝트(코드아트code art)가 판매되었습니다. 여기에는 예를 들

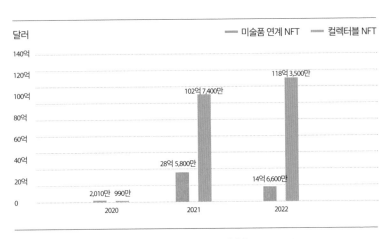

표 3.5 미술품 NFT와 컬렉터블 NFT 거래액, 2020~2022

출처: Arts Economics(2023) ; nonfungible.com

어 〈크립토펑크〉와 〈지루한 원숭이 요트클럽〉 같은 전체 NFT컬렉션이 속하는데, 뭔가 훨씬 대단한 것의 한 부분이라는 느낌이 작품 자체만큼이나 중요합니다.[25]

또 다른 놀라운 수치가 있습니다. NFT의 낙찰되지 않은 작품 비율이 미술시장에서 가장 낮으며, 회화, 조소, 드로잉, 사진 및 판화 같은 다른 매체의 평균 30퍼센트에 비해 단지 6퍼센트에 불과하다는 것입니다.[26]

2021년 호황 이후, 이듬해에는 미술품 NFT 매출이 크게 감소했습니다. 그러나 디지털아트 시장은 자리를 잡았고 이제는 사진 시장보다 규모가 더 커졌습니다(표 3.6 참조).

전반적으로 보아 디지털아트를 패키징하고 판매할 수 있는 새로운 기술적 가능성이 디지털아트에 엄청난 힘을 실어주었습니다. 미술적

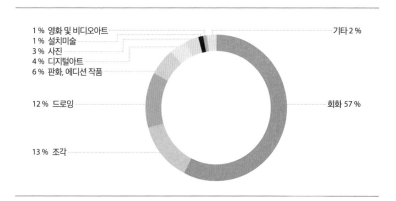

1 % 영화 및 비디오아트
1 % 설치미술
3 % 사진
4 % 디지털아트
6 % 판화, 에디션 작품

12 % 드로잉

13 % 조각

기타 2 %

회화 57 %

표 3.6 매체에 따른 미술상의 매출 비중, 2022
출처: ©Arts Economics(2023)

관점에서 NFT는 틈새상품에 가깝습니다. 따라서 시장이 어떻게 발전하는지 계속 관찰하는 것이 중요합니다. 그러나 블록체인은 미술품을 새로운 형태로 제작, 프레젠테이션, 판매하고 또 신규 고객을 유치하는 데 많은 가능성을 제공하므로 디지털 및 아날로그 아트의 증권화를 위한 현재의 기술로 남아 있습니다.

이 장에서 알게 된 것

예술의 품질에 대한 과학적 근거가 있는 특성은 없지만, 1차시장 진입 전의 신진작가나 2차시장의 기성작가를 대상으로 한, 작품 평가를 도울 수 있는 기준은 있습니다.

그뿐 아니라 1·2차시장에서 승수 계산 및 온라인 조사는 시장에서 특히 경매 판매가격을 비교할 수 있도록 도와줍니다.

미술품 구매 7단계는 적정 가격에 좋은 품질의 작품을 찾는 것을 가능하게 합니다. 각 단계는 준비, 목표 설정, 많이 보기, 정보 얻기, 조사연구, 검증, 구매한도 설정입니다.

새로운 테크놀로지는 가상현실과 3D 프린팅 등으로 미술 발전의 폭을 넓히고 있지만, 무엇보다도 세계 모든 곳의 미술품에 접근해 신속한 정보교환 및 가격투명성 확보를 가능하게 하고 블록체인 기술, NFT 인증과 암호화폐를 통해 구매를 쉽게 만들어주고 있습니다.

4장

투자대상으로서의 미술품

이 장에서 알게 되는 것

＊미술품에 투자하는 것이 가치가 있는가

＊성공한 투자가 워런 버핏과 미술품

＊어떤 투자전략이 좋은가

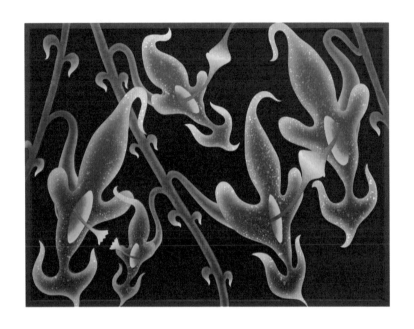

메블라나 립Mevlana Lipp, ⟨야행성Nocturnal⟩(2020), 부분
120×90㎝, 목재, 벨벳, 아크릴물감, 잉크, 모래

비즈니스를 잘하는 것은 가장 매력적인 종류의 예술이다.
돈을 버는 것은 예술이고 일을 하는 것도 예술이다.
그리고 잘되는 비즈니스는 최고의 예술이다.

_앤디 워홀

미술품은 투자대상으로 적합한가

미술품을 투자대상으로 고려한다면, 이상적으로는, 그것이 삶을 감성적·사회적 또는 미적으로 풍요롭게 한다는 또 다른 이점과 묶어봐야 합니다. 그러면 기대했던 만큼 실제 투자이익이 없더라도, 벽에 걸어놓은 주식을 보며 스스로 흡족하다는 '근사한' 투자이익이 여전히 남으니까요. 투자가 평균 이상으로 결실을 맺을 확률은 너무 낮습니다.

자산으로서 미술품은 주식, 채권이나 부동산 같은 전통적 투자유형과는 구분되는 범주이며, 여러 차별점이 있습니다. 가장 중요한 것 중 하나는 미술품은 본질적인 수익을 창출하지 않으며 지속적 수익을 가져다주지도 않는다는 겁니다. 그래서 미술품의 가치는 측정하기가 어렵습니다. 한 작품의 적절한 가격이 얼마인지를 판단하는 것은 단순한 작업이 아니며 특별한 전문성이 필요합니다.

그렇다면 미술품이 투자대상으로 간주될 수 있을까요?

다른 투자시장과는 다르게 대다수 미술시장참여자들은 투자자나 투기꾼으로 보이기를 원하지 않습니다. 미술품은 거래상품이나 투자물로 격하되어서는 안 될 엘리트적인 재화의 아우라를 갖고 있습니다. 게다가 미술품 투자자들은 대개 돈에 대해 기꺼이 이야기하지 않습니다. "흥미롭게도 사람들에게 미술시장에서의 구매에 대해 말해보면 대부분은 돈에 대해 결코 이야기하고 싶어 하지 않습니다. 돈과는 관련이 없고, 연관되어서도 안 된다는 겁니다. 그게 예술이지요."[1]

책《가격에 대한 이야기*Talking Prices*》의 작가 올라브 벨투이스Olav Velthuis는 한 뉴욕 갤러리스트에게 문의했다가 미술품은 "자본"으로 격하되어서는 안 된다는 답변을 공식적으로 들었습니다. 하지만 비공식적으로 그 갤러리스트는 자신이 컬렉션을 위해 얼마나 지불했고 그게 지금은 얼마의 가치가 될 것이라고 계산해 보였습니다.[2]

전문투자자가 미술품 투자에 성공한 사례는 과거에도 항상 있었습니다. 가장 유명한 예가 영국철도종사자들의 연금기금인 브리티시레일펜션펀드의 일회성 실험이었습니다. 담당 운용자는 1970년대에 높은 인플레이션 때문에 동료들의 자금을 최상급 미술품에 투자했습니다. 10년 후, 펀드는 인상주의 및 모더니즘 작품 25점을 선정해 경매에 내놨습니다. 펀드가 이 작품들을 구매했을 때의 가격은 340만 파운드였습니다. 작품들은 옥션에서 3,520만 파운드에 팔렸습니다. 수익률은 연평균 20.1퍼센트에 달했고, 인플레이션을 감안해도 11.9퍼센트가 되었습니다. 주식에 투자했다면 이 기간의 수익률은 7.5퍼센트였을 것입니다.

1996년 브리티시레일펜션펀드의 마지막 작품이 팔린 후 수익률은 총 13.11퍼센트였는데, 인플레이션 감안 시 5.33퍼센트로 나빠지긴 했습니다.[3]

미술경제학자들은 1980년대의 첫 연구에서—모든 미술시대를 통틀어—미술품 투자 기대수익률이 다른 금융시장 투자보다 평균적으로 낮다고 추정했습니다. 다른 투자형태가 더 높은 수익을 냈으므로 미술품 투자가 가치가 없다는 결론에 도달했습니다.[4]

일반 미술품 거래는 가격이 알려지지 않기 때문에 여기에서도 이 연구가 경매 데이터에만 근거했다는 것을 고려해야 합니다.

미국에서는 미술품의 가치변화를 지수로 측정하려는 시도가 있습니다. 이 지수는 경매에서 판매되는 모든 미술품의 평균 가격변화를 반영하며 시장의 장기적 추세를 단순화해 이해할 수 있게 합니다. 지수를 비교하면 어떤 시장 또는 부문에서 상대적으로 가격이 올랐거나 내렸는지 볼 수 있습니다. 예를 들어 사진과 그림 같은 카테고리, 또는 인상파와 팝아트 같은 미술시대의 가격추이를 대조할 수 있습니다.

미국 경제학자 지안핑 메이Jianping Mei와 마이클 모지스Michael Moses는 경매가격을 1950년까지 역추적하고 장르에 따라 구분된 지수(메이모지스 지수Mei Moses Index)를 개발한 선구자들입니다. 수익을 산출할 수 있도록 적어도 한 번 이상 뉴욕에서 낙찰된 작품들만 포함했습니다.

그간에 런던의 인터넷 데이터뱅크인 아트마켓 리서치[Art Market Research], 아트넷 또는 아트프라이스 같은 미술지수 제공자들이 자리를 잡았습니다. 여기서 관건은 옛 카탈로그와 경매회사들의 데이터를 수집하는 것이 아니라 데이터의 정확성을 확보하는 것입니다. 예를 들어 추후 수정, 낙찰가격에 수수료 포함 여부 또는 다양한 각국 통화는 오류의 원인이 되므로 보정이 필요합니다.

미술경제학자 로만 크로이슬은 독일《매니저 마가진》의 mm-미술지수를 비롯해 세계적으로 가장 포괄적인 미술시장 가격지수를 개발했습니다. 이를 위해 그는 공개적으로 취득가능한 700개가 넘는 경매회사들의 자료 일체와 1970년까지 추적할 수 있는 자체 로데이터[raw data]를 활용합니다. 여기에는 일회성 판매도 감안됩니다.[5]

룩셈부르크 대학 미술경제학 교수이자 스탠퍼드 대학 초빙교수인 로만 크로이슬과 그의 시도에 관해 이야기했습니다.

Q 박사님의 방법은 다른 것과 어떻게 다릅니까?

A 제가 사용하는 로데이터는 아주 포괄적입니다. 우리는 1970년 이래 경매에서의 모든 거래를 입력했습니다. 모든 JPEG 파일, 소장 이력서, 재판매 및 낙찰되지 않은 작품을 경매회사가 구입하는 경우인 바우트인[bought-in]을 포함했지요. 정교한 보정으로 데이터 속의 모든 오류가 제거되었습니다. 예를 들어 잘못 적용된 환율, 부정확한 미디어 정보 및 작품 사이즈 등이지요. 제가 2015년부터

《매니저 마가진》용으로 작성하는 mm-미술지수를 위해서는 여러 번 팔린 작품이 아닌 일회성 낙찰 작품도 다른 지수를 계산할 때와 마찬가지로 분석하는데, 여기에는 선택편향(표본 선택 오류로 통계분석이 왜곡됨)이 발생하기도 합니다.

Q 다른 지수들에 대해서도 말씀해주실 수 있는지요? mm-미술지수가 있고, 장르에 따라 구분된 또 다른 지수가 있습니다. 독자들은 어디에서 이 지수들을 찾을 수 있습니까?

A 기본적으로 제 데이터뱅크로 원하는 어떤 미술지수든 도출해내는 것이 가능합니다. 하지만 충분한 경매 결과 자료가 필요합니다. 《매니저 마가진》을 위해서는 예를 들어 올드 마스터, 컨템퍼러리 아트, 인상주의 같은 카테고리뿐 아니라 상위 100위 여성 작가 또는 33세 이하 작가 상위 50인 같은 다양한 카테고리도 조사하고 있습니다.

Q 2020년 피카소 작품의 판매금액이 상이한 이유는 무엇인가요? (아트프라이스는 2억 4,539만 299달러, 3,396건 거래 / mm-미술지수는 1억 5,738만 6,153달러, 605건 거래) 박사님은 그림만, 아트프라이스는 모든 작품을 대상으로 합니까?

A 그렇습니다. 정보가 많은 독자라면 알겠지만 판화, 에디션 작품은 포함되지 않았고, 또 현재까지 조소나 설치작품은 포함되지 않습니다. 2022년부터는 조정을 해서 이제 회화, 사진, 판화, 조각, 종이에 그린 작품이 미술지수에 포함됩니다. 하지만 NFT의 경우는 아직 잘 모르겠습니다. 우선은 NFT 자체에 대한 평가를 더 잘 이해하고자 합니다.

Q 투자 아이디어를 어떤 기준으로 선정하는지요?

A 순전히 정량적입니다. 숫자가 말하게 하지요. 대부분 투자 아이디어는 이미 충분히 입증되어 있습니다. 더 이상 투기성이 높지 않습니다. 말씀드린 바와 같이 저는 과학자이지 벤저캐피털이 투자한 하이테크회사의 주식시장분석가가 아닙니다. 신속한 투자조언보다는 명망이 더 중요합니다. 분석을 통해 한 작가 작품이 처음으로 필립스에서 대단히 성공적으로 낙찰되었다면, 즉 최고 추정가를 50퍼센트 이상 상회했다면, 크리스티와 소더비가 이 작가를 계속 밀어 새로운 가격대로 점프시킬 준비를 하는 것을 확인했습니다. 그런 순전히 정량적인 투자전략이 항상 금전적 이득을 가져올까요? 물론 항상 그렇지는 않지만, 종종 가능합니다. 그러나 이 '필립스 50퍼센트 이상 기준'은 제가 보는 20가지가 넘는 정량적 지표 중 하나일 뿐입니다.

Q 신규 미술품 구매자들에게 어떤 접근방식을 조언하시겠습니까?

A 가능한 한 많이 미술과 마주해보십시오. 할 수 있는 한 많은 전시회를 방문하고 미술을 경험해보십시오. 그러나 갤러리스트나 아트컨설턴트가 아니라 작품에서 받는 인상에 집중하십시오. 가장 중요한 것은 구입하려는 작품이 여러분 마음에 드는 것입니다. 저는 평소에 미술시장 분석을 간단하면서도 결정적인 조언으로 마칩니다. "마음에 드는 것을 사십시오!" 여러분의 취향에 따라 결정하십시오. 그 작품과 같이 살아가야 하니 그것이 마음에 들어야 합니다. 재정적 수익에 대해서만 생각하지 말고 "기쁨의 배당"이라는 미적 보상을 더 즐기십시오.

2013년의 한 조사에서 이 미술경제학자는 1960년부터 2013년에 이르는 동안 미술품 전반의 평균 수익률이 총 6.3퍼센트라고 밝혔습니다. 크로이슬은 여기에서 미술품에 투자하는 것이 다른 투자 대비 의미 있는 대안이 될 수 있는지 특히 회화 부문에서 리스크와 수익의 상관관계를 자세히 관찰하고 조사했습니다.

그가 다다른 결론은 미술품은 "수익을 보이긴 하지만, 비교적 낮은 평균적 위험조정 수익률을 가져다준다"는 것이었습니다. 이렇게 볼 때 "미술품 투자는 금융시장 리스크를 방어함으로써 다변화된 포트폴리오에서 유용한 역할을 수행할 수 있을 것"입니다.[6]

> **팁:**
> 구매 제안을 받아 가격 분석을 한다면 경매 결과를 비교한 가격이 낙찰가격인지 또는 구매자 수수료가 포함된 가격인지를 확인해보십시오. 경매회사마다 수수료가 상이하므로 가장 좋은 비교 근거는 낙찰가격입니다.

주식, 금의 가격변화와 미술품 가격변화를 비교해봐도 1998년 이래 일반적인 미술품은 높은 가격상승을 기록한 적이 없었다는 것이 나타납니다. 심지어 올드 마스터 분야에서는 가격하락도 있었습니다.

그에 반해 컨템퍼러리 아트의 가격상승은 금과 비슷했으며 미국의 500대 상장 기업의 주식지수인 S&P 500보다는 명백히 좋았습니다.

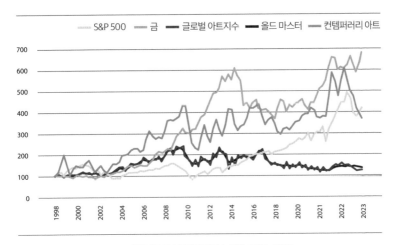

전통적 금융자산은 일반적으로 더 동질적이며—예를 들어 금,

표 4.1 주식, 금, 미술품의 가격지수 추이, 1998~2022

출처: Refinitiv, Artprice, 자체 추정. 각기 지수화(1998년 1/4분기=100), S&P 500은 배당 불포함

투자대상으로서 미술품의 기회와 리스크

미술품이 리스크 많은 투자대상이라는 것은 이미 잘 아실 겁니다. 미술품에는 주식배당 같은 주기적인 현금 흐름이 없을 뿐 아니라 시장이 자주 비유동적이며 가격도 투명하지 않기 때문입니다.

미술품은 전통적 금융자산에 비해 몇 가지 차이점과 특이성이 있습니다. 전통적 금융자산은 일반적으로 더 동질적이며—예를 들어 금, 주식, 채권같이 동일한 종류와 성질의 가치를 갖고 있습니다—또한 아주 유동적인 시장에서 거래됩니다. 주식과 채권 같은 자산 유형은 비교적 소수의 객관적 기준에 따라 평가 및 선택이 가능하며 거래비용이 적고 보관·보험료 등 지속적인 현금지출이 없으나, 미술품의 경우는 그렇지 않습니다.

좋은 소식은 인터넷이 발달함에 따라 사람들이 점점 더 많은 작품의 판매가격에 접근할 수 있게 되고, 금융시장에서와 유사한 분석 도구들이 계속 더 많이 생겨난다는 것입니다. 그리하여 개별 작가의 장기적 가격변동과 거래량을 검색할 수 있습니다. 그러나 확실한 것은 투자대상으로 적합한 미술품은 많지 않다는 것입니다. 그것은 여러분이 직접, 또는 좋은 컨설팅을 통해 찾아내야 합니다.

인플레이션 시대의 가치보전 대안 투자로 미술품은 좀 더 자세히 살펴볼 가치가 있습니다.

리스크

- 미술품은 고유해서 비교불가하며 평가가 어려움(대체불가능)
- 미술시장은 비교적 불투명하고(시장 데이터가 불완전함) 통제되지 않음, 오피니언 파워를 소수가 장악하는 일이 빈번함
- 미술품은 배당이 없음
- 미술품은 비유동적임
- 미술품은 임대와 대여를 제외하면 현금 흐름을 창출할 수 없음
- 위조·변조와 사기 위험이 있음

기회

- 미술품은 가치보전 기능으로 인플레이션 및 환율하락을 방어
- 최소투자금액이 없음

- 미술품 투자에는 유리한 세금혜택이 있음
- 포트폴리오 다각화: 보완 투자처로서 미술품은 주식 및 부동산 투자의 리스크를 줄일 수 있음
- 작품 대여를 통해 추가 수익을 얻을 수 있음

미술품은 보험 및 보관에 부대비용을 수반한다는 것을 고려해야 합니다. 또한 작품과 작가는 트렌드와 대중의 관심 또는 잠재구매자의 취향에 영향을 받습니다. 한 작품의 가치는 항상 보는 사람의 눈에 달려 있기 때문입니다. 작품의 시장가격을 결정하는 것은 최종적으로 수요자, 즉 구매자라는 사실을 늘 명심해야 합니다.

어떤 미술품이 투자대상으로 적합한가

3장에서 기술한 바와 같이 유명 작가들의 작품, 즉 클래식은 특히 인기가 높기에 우선 투자대상으로 고려됩니다. 유명 작가들의 작품은 시장이 있으며, 무명 작가 작품에 비해 구매자를 찾을 확률이 훨씬 높습니다. 가능하면 에디션이 아니라 단 한 번만 제작된 유일본이어야 합니다. 예외를 들자면 앤디 워홀의 판화류가 있지요. 로이 리히텐슈타인, 파블로 피카소, 후안 미로Joan Miró(1893~1983), 피에르오귀스트 르누아르 등 다른 작가들의 경우는 모두 에디션은 유일본보다 확실히 수익률이 낮았다고 1998년부터 2013년까지를 대상으로 한 연구에서 로만 크로이슬이 밝혔습니다.[7]

유일본 중에서는 소위 핵심 작품key works과 '시그니처 작품'이 가장 선

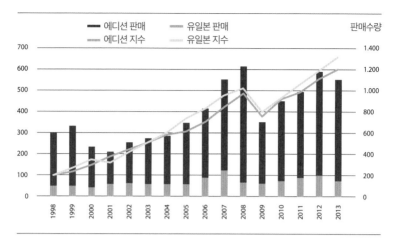

표 4.2 에디션에 비교한 유일본의 성과추이, 앤디 워홀

출처: Roman Kräussl

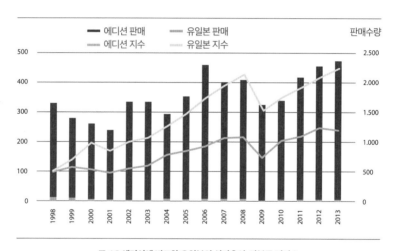

표 4.3 에디션에 비교한 유일본의 성과추이, 파블로 피카소

출처: Roman Kräussl

호됩니다. 핵심 작품이란 작가의 작업에서 새로운 스타일의 시작을 의미하는 작품이나 새로운 시리즈의 첫 작품 등을 말합니다. 시그니처 작품은 누가 보든 바로 작가를 특정할 수 있는 그만의 전형적 작품을 가리킵니다. 그런 작품을 시장가격보다 저렴하게 구입할 수 있다면 장기 투자대상으로 봐도 됩니다.

투기가 목적이라면 신진작가의 작품이 더 적합합니다. 구매자는 여기에서 작가가 잘 발전하고 작품가치가 장기적으로 높아질 것이라는 데 베팅합니다. 그러나 신진작가는 브랜드를 아직 만들지 못했고 자신의 시장을 구축하지 못했기 때문에 리스크가 큽니다. 그러므로 큰 금액을 투자해서는 안 됩니다. 그러면 설령 작가가 성장하지 못하더라도 투자금 손실 규모가 작지요.

투자대상으로서 미술품 가격의 측정과 계산

품질을 어떻게 알아보는지는 이미 아실 겁니다. 투자대상으로서 미술품의 가치를 평가할 때는 그 품질에 관련해 추가적 측면들이 고려됩니다.

- 진본(서명)
- 희소성
- 시장에서의 신선도(클래식)
- 미술사적 가치(핵심 작품)
- (재)판매성

- 운반성
- 상태(특히 클래식)
- 소장 이력(클래식)
- 시장 상황
- 트렌드

이 기준들을 더 많이 또는 더 구체적으로 충족시킬수록 작품은 더 가치가 있으며 따라서 가격도 높아집니다.

작품의 가치

모든 계산과 관계없이 미술시장에서 유효한 것이 있습니다. 작품의 가치는 보는 사람의 눈에 달렸다는 것이죠. 구매자가 특정 시점에 지불할 의사가 있는 가격이 바로 그 가치입니다.

3장에서 이미 알아본 것처럼 가격형성은 1차시장과 2차시장에서 확연히 다릅니다. 1차시장 진입 시에는 앞서 설명했던 승수 계산 방법이 좋은 지침이 됩니다. 작가가 작품을 많이 팔수록, 더 많이 전시할수록 승수는 상승합니다.

작품이 다시 판매되면, 즉 2차시장으로 진입하면 이때부터는 승수 계산에 의존할 수가 없습니다. 판매가격은 이제 주로 수요에 의해 결정됩니다. 시장에서 판매와 관련된 수치는 알려지지 않기 때문에 이 영역에서 방향성을 찾는 것은 통상 아주 어렵습니다.

만일 작가의 작품들이 이미 경매에서 거래된 적이 있다면 가치측정은 다시 간단해집니다. 유사한 작품의 가장 최근 판매가격이 비교 근거가 됩니다. 하지만 항상 그런 것은 아니며, 어떤 특별성으로 인해 훨씬 더 높은 가격이 책정될 수도 있습니다.

금융시장 투자전략에 따른 미술품 구매

미술품을 구매할 때, 저는 독학으로 배운 워런 버핏의 가치투자 전략을 따릅니다.

버핏은 시대를 통틀어 가장 성공적인 투자자의 한 사람으로 알려져 있습니다. 그는 좋은 기업에 투자하는 것으로 재산을 증식했습니다. 그는 정확한 분석을 통해 자기 관점에서 가장 발전가능성이 큰 회사만 선별했습니다. 가장 중요한 것은 회사주식에 지불해야 하는 가격이 실제 가치보다 낮을 때만 구입했다는 것입니다.

결정적인 것은 물론 주식가치의 판단입니다. 이 내재가치는 기업의 기대수익을 현재가치로 할인한 값의 합으로 계산됩니다. 이것을 계산해내는 것이 이른바 버핏의 가치투자 접근법의 핵심입니다. 버핏은 계산한 주식의 가치가 해당 주식의 시장가격보다 확실히 높을(20~30퍼센트) 때만 살 것입니다. 그래서 버핏의 전략은 적정한 가격에 최상의 품질을 얻는 것을 목표로 합니다.

| '수익은 구매에 달렸다'는 말은 미술품에서도 일반적으로 적용됩니다.

버핏의 '가격 vs. 가치' 원칙이 지닌 두 가지 장점

첫 번째: 가치가 가격보다 확실히 높을 때만 주식을 구입하면 이는 투자수익을 향상시키는 데 기여합니다. 시간이 지나면 기업의 수익 창

출력뿐 아니라 기업 가치에 수렴하는 주가상승도 투자자의 자산가치를 높여주기 때문입니다.

두 번째: 주식의 가치가 가격보다 명백히 높으면—즉 충분한 안전마진safety margin이 있다면—투자자를 손실로부터 보호할 가능성이 높아집니다. 그러한 손실은, 구입 후 주식가치가 과대평가되었다는 것이 판명되면 발생할 수 있습니다. 이러한 관점에서, 투자의 안전마진이 충분히 높도록 주의한다면 투자리스크가 줄어든 것으로 볼 수 있습니다.

워런 버핏이 금융투자 목적으로 미술품에 투자한 것은 아니라도, 그의 몇 가지 원칙은 미술품을 전략적으로 구매하는 결정을 내릴 때 도움이 될 수 있습니다. 흥미롭게도 그는 이런 말을 했습니다. "나는 사업가가 아닙니다. 예술가입니다."[8]

저도 구매 결정 시 버핏의 원칙을 적용합니다. 여러분은 기업을 분석하듯 작품과 작가를 분석할 수는 없습니다. 또한 미래를 오류 없이 예측할 수도 없습니다. 그러나 버핏의 가치투자 접근법은 미술품을 구매하는 것이 의미가 있는지를 더 잘 판단하는 데 도움이 됩니다.

1. 구매에 적용하고 싶은 기준의 리스트를 작성하십시오. 예를 들어 회화라거나, 특정 기간에 창작된 작품으로 한정하는 것입니다.
2. 잘 아는 작가그룹, 작가 또는 장르를 선택하십시오.
3. 선택한 그룹의 작품에 대해 현재까지 지불된 가격net hammer price을 조사해 가격 범위에 대한 개요를 파악하십시오.
4. 그림을 검색하되 기간을 지난 12~24개월 정도의 가장 최근으로

한정하십시오. 크기, 모티브, 제작연도가 비슷한 작품을 참조 및 비교하십시오. 검색 결과로 나온 가격으로 평균가격을 계산해내십시오.

5. 안전마진을 감안한 가격이 여러분이 확인한 작품들의 평균가격보다 높으면 그 작품을 구매하지 마십시오.

6. 작품을 구입한 후에는 작가와 그의 작품의 발전을 추적하십시오.

7. 장기적인 안목으로 생각하고 가격이 명백히 올랐을 경우에만 매도하십시오.

투자를 성공으로 이끄는 결정적 요인은 결국 작품의 가치 측정입니다. 미술품 투자자에게는 기본적으로 이에 대해 두 가지 길이 열려 있습니다.

미술작품의 가치를 조사할 능력을 스스로 습득하거나, 만일 그럴 수 없거나 그러기가 너무 부담된다면, 조언해줄 수 있고 조사 능력이 입증된 사람과 협업을 모색해야 합니다.

다음에 나오는 워런 버핏의 중요한 언급들은 투자대상으로서 미술품에도 적용할 수 있습니다.

1	가격과 가치를 구분하십시오
2	충분히 알 때만 투자하십시오
3	과거 가격변동을 검토하십시오
4	장기로 투자하십시오
5	결코 다시 팔지 않을 생각으로 구매하십시오
6	소수의 가치에 집중하십시오
7	스스로에게 투자하십시오

표 4.4 워런 버핏에게 영감을 얻은 미술품 투자 원칙
출처: Ruth Polleit Riechert, Warren Buffett(버핏의 말에 대한 출처는 본문 주석 참조)

1. "가격은 당신이 지불하는 것이고 가치는 당신이 얻는 것입니다

   Price is what you pay. Value is what you get."9

   가격과 가치를 구분하십시오

   워런 버핏의 가장 유명한 말 중 하나이며, 미술품에 아주 잘 들어맞습니다. 작품의 가치는 전적으로 보는 사람의 눈에 달렸기 때문입니다. 여러분이 만일 작품에 특정 금액을 지불할 의사가 있다면 그것이 바로 작품의 가치입니다. 그 작품은 여러분에게 그 가격만큼 가치가 있는 것이지요. 다른 누군가도 같은 가격을 지불할는지는 알지 못합니다. 앞으로 수요는 변할 수 있습니다. 그러므로, 시장 상황이 나쁘고 수요가 전혀 없을 때라도 작품이 어떤 가치를 지닐지를 정확히 판별하는 것이 중요합니다.

2. "투자는 이성적이어야 합니다. 이해하지 못한다면 손대지 마십 시오. Investment must be rational; Never invest in a business you can not understand "10

충분히 알 때만 투자하십시오

작품이 난해해서 오히려 매력적이더라도 여전히 중요한 것은 여러분이 작가와 그의 스타일을 분별할 수 있고 그가 전하고자 하는 말과 주제를 이해하며 어쩌면 그를 개인적으로도 알고 있 느냐는 것입니다.

3. "비즈니스 세계에서는 후방 거울이 항상 전면 유리창보다 깨끗 합니다In the business world, the rearview mirror is always clearer than the windshield "11

과거의 가격변동을 분석하는 것이 미래를 예측하는 것보다 용이합니다

미술시장에서도 미래를 미리 볼 수 있는 사람은 아무도 없습니 다. 높은 가격을 받았던 작품도 미래에는 가격이 떨어질 수 있 습니다.

시장 상황이 단기간에 나빠지고 구입 자금이 고갈되거나 투자 가 보류된다면 작품들은 매각되지 않거나 가격이 하락할 것입 니다. 작품의 과거 가격변동이 반드시 미래의 정보를 알려주는 것은 아닙니다. 그럼에도 다양한 시장 상황에서 장기적 과거 가 격변화 분석은 가치 있는 정보를 제공할 수 있습니다.

4. "시장이 10년간 문을 닫아도 보유하는 것만으로 만족스러울 주 식을 사십시오Only buy something that you'd be perfectly happy to hold if the market shut

down for ten years "12

장기로 투자하십시오

이는 미술품에도 똑같이 적용됩니다. 여러분은 작품에 확신이 있어야 하고, 오랫동안 팔 수 없다 해도 스스로 만족스러워야 합니다. 그런 경우에 사야 합니다.

5. "우리가 좋아하는 보유기간은 '영원히'입니다. Our favourite holding time is forever "13

결코 다시 팔지 않을 생각으로 구입하십시오

버핏은 한 걸음 더 나아갑니다. 가치주는 절대로 다시 팔 목적으로 사서는 안 되고, 결코 팔지 않는다는 생각으로 사야 한다는 것입니다. 미술품도 잘 선정해서, 팔지 않고 상속되어 가문에 남도록 해야 합니다.

6. "다각화는 무지에 대한 보호입니다. 자신이 무엇을 하는지 안다면 다각화는 의미가 없습니다. Diversification is protection against ignorance. It makes little sense if you know what you are doing."14

훌륭한 투자자들은 분산투자하지 않습니다

정말 잘 아는 투자자들은 집중투자합니다. 그들은 리스크를 분산하고 다각화하기 위해 이것저것 함부로 사지 않습니다. 미술품도 동일합니다. 여러분이 작가를 정말 잘 알고 작품을 연구해 봤고 그래서 확신이 들었다면 결정을 내려도 되며, 그리고는 편히 잠을 자도 됩니다. 그 작가의 작품이 저평가되는 시절이 있더라도 계속 보유합니다. 확신을 주지 못하는 작품을 단지 다각화를 위해 구입해서는 안 됩니다. 그리고 미술에 있어서는 컬렉션 주제를 좁게 설정할수록 그 주제의 전문가로 발전하기가 쉬워집니다.

7. "자신에게 투자하십시오 Invest in yourself" 15

스스로에게 투자하십시오

마지막으로 가장 중요한 것은 스스로에게 투자하는 것입니다. 젊었을 때 워런 버핏은 대중 앞에 나서는 것을 매우 두려워했습니다. 그래서 그는 100달러를 지불하고 개인과 기업의 능력 계발을 지원하는 데일-카네기 강좌에 등록해 출석했습니다. 이것이 그의 인생을 바꿔놓았습니다. 당시 그는 겨우 21세였고 더 어리게 보였으나, 강좌를 듣던 시기에 그는 후일의 부인에게 청혼했으며 주식 중개업을 했습니다. "당신이 자신 안에 갖고 있는 것은 아무도 뺏어갈 수 없습니다. 그리고 모든 사람은 아직 써보지 않은 잠재력을 갖고 있습니다. 만일 당신 재능을 향상시켜 잠재력을 10퍼센트, 20퍼센트 또는 30퍼센트를 높일 수 있다면, 그것에 세금을 부과해 빼앗을 수 없습니다. 인플레이션도 그것을 당신에게서 뺏을 수 없습니다. 당신은 그것을 평생 가질 수 있습니다." 16

미술과 미술시장에 대한 지식을 쌓는 데 투자하십시오. 이 책을 산 순간, 여러분은 이미 멋진 시작을 한 겁니다.

전반적으로 워런 버핏의 투자법칙과 지혜는 미술시장에서 성공적으로 적용하기에 매우 적합해 보입니다.

투자옵션: 영 아트 vs. 클래식

저는 젊은 컨템퍼러리 아트와 기존 클래식을 약 20대 80의 비율로 구성해 투자하는 전략을 추천합니다. 그 이유는, 이 조합으로 영 아트 young art가 실패할 경우의 리스크를 최소화하는 한편, 평균 이상의 성장을 보일 가능성에 미리 동참할 수 있기 때문입니다.

젊은 작가에―특히 미술대학 졸업생들을 의미하는데, 이제 커리어를 시작하려는 인재들입니다―투자하는 경우는 이들이 아직 시장을 형성하지 못했기에 더 많은 리스크를 감수해야 합니다.

아직 무명인 작가의 작품이 자리를 잡고 이 작가가 일정 기간 내에 국제적으로 알려지게 되면 그의 작품가치는 일약 상승하리라고 짐작할 수 있습니다. 커리어를 시작하는 작가의 작품가격은 대개 낮기 때문에 추후 달성 가능한 수익은 상대적으로 높을 수 있습니다.

동시에 손실 리스크를 과소평가해서는 안 됩니다. 작가가 작품으로 시장 진입을 하지 못하면(실패하면) 손해는 클 수 있습니다(투자금액의 최대 100퍼센트). 손해율이 이미 오래전부터 시장에 안착한 작가들의 작품보다 훨씬 높습니다.

또한 컨템퍼러리 아트 시장 역시 특별한 가격변동에 노출되어 있습니다. 컨템퍼러리 아트 작품은 투기성으로 단기간의 가격상승에 베팅해, 기대한 대로 가격이 오르면 다시 매각하기 위해 순전히 이익지향적인 동기로 구매되는 경우가 있기 때문입니다.

그리고 금융시장과 유사하게 미술시장에도 트렌드의 위험이 존재

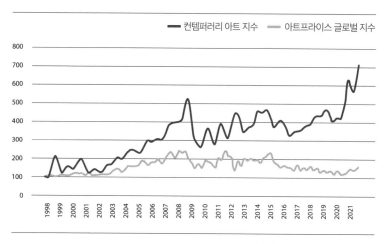

합니다. 현재 힙한 작가라면 작품은 이미 너무 비싼 상태입니다. 그러므로 조언하자면, 아무 트렌드나 좇지 말고 가격 면에서 저평가된 좋은 기회를 찾으십시오.

이렇게 보면 컨템퍼러리 아트 시장에서의 구매 및 판매 행위는 주식시장에서와 매우 비슷합니다. 저평가된 주식이나 아직 무명이거나 인지도 낮은 신규 상장회사(혁신기업)의 주식이 최고의 수익률을 내기도 합니다. 동시에, 신규 상장회사 주식 구입에 따르는 리스크는 일반적으로 높습니다. 기업이 성공적으로 시장에서 자리 잡을지 또는 손실이 쌓여 강제로 시장에서 퇴출당할지에 대한 불확실성이 존재합니다.

기본적으로 한 작품의 구매는—주식 매입과 유사한 방식으로—예상 현금 흐름의 형태로 표현될 수 있습니다. 주식의 경우는 (현재가치로 할인한) 기대배당수익이 가치를 결정하는 요인입니다. 미술품에는 이런 정기적 수입이 없습니다. 하지만 구매자는 작품가격이 미래의 어느 시점에는 구매 당시 가격보다 (확연히) 높을 것이라고 기대합니다. 이 두 가격의 차이에서 구매자의 수익이 파생되는 것이지요.

클래식 작품에 투자하는 경우에는 평가할 수 있는 데이터가 더 많고 이미 이름을 알린 유명 작가의 시장이 존재하기 때문에 리스크 부담이 적습니다.

미술시장에도 주식시장에 비유하자면 블루칩으로 간주될 수 있는 몇몇 작가가 있습니다. 그들의 작품에 투자하는 것은 비교적 안전하며 수익성이 있는 것으로 보입니다. 파블로 피카소(1881~1973) 같은 작가가 여기에 속합니다. 그의 자화상 〈나 피카소Yo Picasso〉는 1981년 경매에서 583만 달러에 낙찰되었습니다. 8년 후 1989년 이 그림은 4,790만 달러에 팔렸습니다. 계산하면 연 19.6퍼센트의 실질 순이익을 냈는데 이는 성공적인 주식투자자들에게도 아주 예외적인 수치라 할 수 있습니다.[17]

블루칩 작가들의 가치변화를 반영하는 아트프라이스 100 지수는 2000년부터 2022년까지 405퍼센트 성장했습니다. 이 지수는 미술시장에서 최고 거래금액 작가 100명을 표본으로 하고 있습니다. 지수가 경매에서 팔린 모든 작품의 평균가격만 사용하고 그래서 가격구조의 부분만을 반영하지만, 전체 결과는 경매에서 최고 거래액을 기록한 상위 100명 리스트에 오른 작가 각각의 일반적 가격변화의 방향성

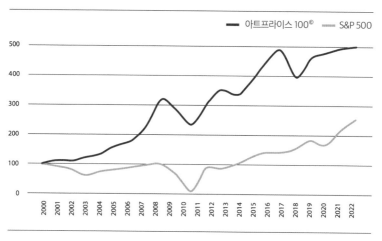

표 4.6 S&P 500 대비 아트프라이스 100®의 변화, 2000~2022

출처: ©Artprice by Artmarket, S&P 500. 지수화(2000년: 100 기준)

을 제시합니다.[아트프라이스 100 지수는 경매에서 1년간 최소 10점 이상 거래된 상위 100명의 작가를 대상으로 산출, 각 작가는 매년 각기 비중이 조절된다. 예를 들면 2000년 1위 피카소 16.1퍼센트, 29위 리히터 0.8퍼센트. 2017년 1위 피카소 6.8퍼센트, 5위 리히터 3.7퍼센트.]

이는 선정된 작가들의 개별 성과 지수로도 입증됩니다. 예를 들어 상위 100명 리스트에 올라 있는 알베르트 욀렌(1954~)의 작품은 지난 수년간 평균 이상으로 높은 가치상승을 보였습니다. 경매에서 팔린 욀렌 작품의 가격지수는 2000년부터 2020년까지 약 2,775퍼센트 올랐습니다. 눈에 띄는 점은 욀렌도 크리스토퍼 울(1955~)처럼 뉴욕 가고시안 갤러리에 소속되어 있다는 것입니다.

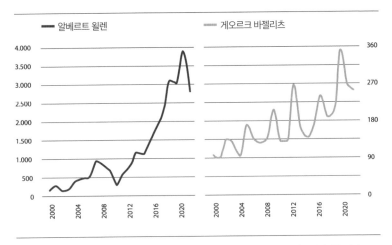

| 알베르트 욀렌 | 게오르크 바젤리츠 |

표 4.7 2000년 이래 경매에서 판매된 알베르트 욀렌과 게오르크 바젤리츠 작품 가격지수 변화
출처: ©Artprice by Artmarket. 지수화(2000년: 100 기준)

경매에서 판매된 게오르크 바젤리츠(1938~) 작품의 평균가격은 아주 높게 상승하지는 않았으나 2000년부터 2020년까지 155퍼센트 이상으로, 장기적으로는 꾸준히 올랐습니다.

개인투자자, 기관투자자 또는 패밀리 오피스family office[가문의 자금을 운용·자문하는 회사]로서 하나의 아트 포트폴리오를 만들고자 한다면, 인내심과 함께 미술시장 내의 탁월한 정보 및 네트워크가 요구됩니다. 적합한 작품을 고르고 적시에 최저가격으로 구매할 수 있도록 작가, 작품, 시장 상황에 대한 정확한 지식이 필요하기 때문입니다.

늘 위조품이 있기 때문에 검증된 독립적인 미술품전문가의 도움을 받는 것도 중요합니다. 또한 세계적으로 인정받은 작가라 할지라도 한 작가의 모든 작품이 동일하게 가치가 있는 것이 아님을 알아야 합니다. 예를 들어 초기와 후기 작품 그리고 유일본과 에디션 작품 사이에는 상당한 가격 차이가 있을 수 있습니다.

유의할 점은 고가로 분류된 작가 중에는 소수만이 좋은 투자대상이라는 것입니다. 그리고 투자대상으로 미술품을 찾는 일은 쉽지 않습니다. 장기적으로는 과거 가격을 검색할 수 있는 가능성이 더 많아질 것입니다. 500달러로도 시작할 수 있는 클래식 작품 투자 모델도 생길 것입니다.

항상 기회와 리스크를 저울질해보고 두 투자옵션 중 어느 것이 여러분에게, 또한 여러분의 예산에 적합한지 숙고해봐야 합니다. 그러나 역시 가장 중요한 것은 마음에 드는 작품을 구입하는 것입니다.

영 아트 구매 시 절차

전 세계에서 팔린 작품들 약 37퍼센트가 5,000~5만 달러 가격대이고, 47퍼센트가 5,000달러 아래입니다. 젊은 작가의 경우 구매자는 적정한 가격으로 품질 좋은 작품을 찾으며 향후 가격상승이라는 옵션을 갖습니다.[18]

저는 영 아트를 작가에게서 직접, 가능하면 커리어 초기에 구입합니다. 그들은 최고의 미술대학 입학조건을 충족시켰을 뿐 아니라 회화, 사진, 조각 분야의 저명한 작가들에게서 배웠습니다. 또한 이미 자신만의 독창적인 시각적 스타일을 만들어냈습니다.

이 작품들은 가격이 상승할 수 있습니다. 그리고 설령 가격이 오르지 않는다 해도, 매일 들여다볼 때마다 즐거움을 주는 작품에 과다한 돈을 지불한 것도 아닙니다. 더 높은 시세를 기대하는 것은 영 아트 부문에서는 견실한 투자라기보다는 투기에 가깝습니다.

미술관에서, 갤러리에서, 미술대학 전시회에서, 온라인에서 작품을 많이 보십시오. 마음에 드는 작가의 개별 작품을 탐구해보고, 미디어 기사, 화집과 다큐멘터리영화 같은 정보자료를 가능한 한 많이 연구조사해보십시오. 마음에 드는 것을 찾아내십시오. 찾아볼 범위를 좁히도록 3장에 있는 제 체크리스트를 활용하십시오. 그러고 나서 다음 사항들을 고려하십시오.

1. 얼마를 지출하려 합니까? 예산을 확정하십시오.
2. 찾는 것이 그림입니까? 조소입니까? 아니면 사진인가요? 2장에서 설명한 장르와 형식을 선택하십시오.
3. 특정 장소나 벽면을 위한 작품인가요? 작품의 최대 크기를 확정하십시오.
4. 단 한 점만 구매할 것인가요? 아니면 장기적으로 여러 점을 구매할 것인지요? 여러 작품을 고려한다면 컬렉션을 위해 미리 구체적 주제를 선정하는 것이 의미가 있습니다. 여러분의 자녀 또는 손주들을 위한 개인적 유산으로서, 또 그들이 성장한 시대의 반영물로서 컬렉션을 시작할 수도 있습니다.

이러한 전반적 조건을 정했다면, 미술대학 졸업전시회에 가보거나 여러 디지털 플랫폼이나 인스타그램에서 마음에 드는 작가를 찾아보십시오. 어떤 작품이 와닿는다면 그 작가에 대해 가능한 한 많은 것을 알아내십시오.

그리고 3장에 서술한 단계에 따라 품질과 가격을 검증하십시오. 작가가 작품을 제3자를 통해서도 팔더라도 시장보다 유리한 가격을 기대하지 않는 것이 좋습니다. 작가가 프로답게 가격을 관리한다면 어디에서나 가격은 동일합니다.

작가로부터 직접 또는 갤러리에서 구입할 경우에는, 작품을 경매에 내놓지 않고 5년의 보유기간에는 매각하지 않는다는 데 동의해야 한다는 것을 감안하십시오. 통상 작가나 갤러리는 추후 여러분이 매도를 원할 때 자신들이 우선 구매할 수 있는 권리(우선구매권)를 갖는 것을 요구합니다.

구매 결정 시 앞에서 기술한 일곱 가지 원칙을 지키고, 그 외에 작가 서명, 작품의 크기와 상태를 확인하고, 작품 사진, 인증서 및 영수증을 포함한 서류도 완벽한지 확인해야 합니다.[19]

블루칩 작품 구매 시 절차

요즘에는 미술잡지와 경제잡지나 아트프라이스, 아트넷 또는 블루앵 아트세일즈 인덱스Blouin Art Sales Index 등의 데이터뱅크를 통해 발표되는 일련의 베스트셀러 리스트, 판매 리스트 및 가격정보가 있습니다. 거기에서 가장 거래금액이 큰 클래식 작가들을 찾아볼 수 있습니다. 리스트들은 각기 다른 데이터를 사용하기 때문에 조금씩 상이합니다.

따라서 여러 판매 리스트를 참조하고 비교해보아야 합니다.

워런 버핏을 통해 알다시피 수익은 **구매에 달렸습니다.** 따라서 사전에 가격조사를 하지 않았거나 가격한도를 설정하지 못했다면, 절대 경매에서 응찰하지 마십시오. 왜냐하면 경매는 판매가격을 계속 높이도록 설정되어 있기 때문입니다. 설령 작품이 높은 미적 가치를 지니고 있어도 너무 비싸게 사는 사람은 좋은 투자를 할 수 없습니다.[20]

또한 원본과 유일본을 고수해야 합니다. 유명 작가의 작품이라도 에디션은 거리를 두는 게 좋습니다. 에디션 숫자가 많을수록 잠재 판매가격은 낮아지겠지요. 처음 구입가격이 아주 매력적이라도 마찬가지입니다. 일반적으로 에디션 작품은 인플레이션 보전 정도만 기대할 수 있습니다.[21]

이미 언급한 바와 같이 특히 고가 부문에서는 검증된 전문가의 독립적인 조언을 추천하지만, 첫 번째 단계를 위한 가이드라인을 여기에 정리해보았습니다.

1. 작품을 찾는다면, 꼭 베스트셀러 리스트에서만 고를 필요는 없습니다. 리스트에 높이 평가된 작품의 소유자는 좋아하겠지만, 잠재구매자는 높은 가격을 지불하도록 유혹을 받습니다. 그러므로 리스트는 대략적인 방향 제시로만 참조하십시오. 여러분의 목표는 유명한 클래식 작가의 작품을 저평가된 가격으로 찾는 것입니다. 경매 매물을 검색하고 블루칩 작품 전문공급자와 접촉해보고 시장에서 네트워크를 만들 수도 있습니다. 네트워크와

정보가 여기에서는 결정적입니다. 네트워크와 정보가 있어야만 장기적으로 알찬 제안을 얻을 수 있습니다.

2. 작품이 마음에 든다면 3장 미술품 구매 7단계에 설명된 것처럼 작가에 대한 정보를 조사해보십시오. 그에 대해 찾을 수 있는 모든 것을 읽어보십시오. 그의 전체 작품이 마음에 와닿나요? 어떤 내용을 표현하려는 걸까요? 작품과 친숙해질 수 있을까요? 작가의 작품이 미술관 또는 컬렉션에 전시되고 있습니까? 2장에 열거된 품질기준을 활용하십시오. 작가는 지금까지 무엇을 이루었습니까? 관련 출판물을 발견했나요? 특정 작품에 대한 것이라면, 그 작품이 도록에 수록된 적이 있나요? 결코 되팔고 싶지 않을 것 같나요?[22]

3. 작품 구매를 제안받았다면, 그 가격을 데이터뱅크에서 검증해보십시오. 비슷한 사이즈와 터치의, 가급적 같은 해에 제작된 작품을 찾아보십시오. 작품을 찾으려 한다면, 판매 플랫폼이나 경매회사 웹상의 검색기능을 설정해 작품이 경매로 나오면 즉시 알림이 오게 하십시오. 아트프라이스 같은 데이터뱅크를 이용해 가격 기록을 만들어보십시오. 그러면 작가와 그의 작품이—경매에서 거래되었다면—지난 10~20년 사이에 가격이 어떻게 변했는지 확실히 볼 수 있을 것입니다.

4. 요즘에는 가격검증을 위해 특별히 맞춤분석을 해주는, 예를 들어 아트택틱 같은, 서비스제공자들이 점점 많아지고 있습니다. 큰 금액의 구매를 하기 전에 그런 분석에 비용을 투자하는 것은 꼭 추천하고 싶습니다.

5. 보험, 추급권, 운송, 관세같이 추가로 소요될 모든 비용에 대해 사전에 알아보고, 총비용을 반드시 서면으로 확인하십시오.

6. 대형 경매회사 전문가의 2차 감정이나 해당 작가에 특화된 독립적 전문가를 통해 작품이 진본임을 확인하십시오(부록 참조: 독립 미술품감정사 협회 리스트). 이 감정 작업을 적외선을 이용해 전문적으로 수행하는 회사에는 앞에 언급한 스위스의 미술전문가협회(FAEI)가 있습니다. 또한 작품이 국제적인 문서화 표준 '객체 ID Object Identification'로 기록되었거나 재고조사번호가 있다면 이 역시 도움이 됩니다. 일부 작가들에게는 작품 목록이 있으니 이를 검증에 참조해도 됩니다. 작가 아틀리에나 그가 소속된 갤러리가 정보를 제공할 수 있습니다. 이미 사망한 작가의 경우 누가 작품을 관리하는지 알아봐야 합니다.

7. 작품의 상태 역시 하자가 없어야 합니다. 복원 작업이 이루어졌다면 복원 리포트를 요구해야 합니다.

8. 작품의 크기를 확인하십시오.

9. 작가가 이미 사망했다면, 그를 대리하거나 유산인 작품을 관리하는 갤러리를 접촉해보십시오. 구매가능한 작품과 가격을 문의하십시오. 대부분의 경우 과거 경매의 낙찰가격 기록과 시장에서 거래되는 작품가격에서 뚜렷한 차이를 확인할 수 있을 겁니다. 이미 언급된 '안전마진'을 생각하면 다음 사항에 주의해야 합니다. 제시된 작품가격이 유사한 작품의 순 판매가와 비교해 낮을수록 잠재 수익은 더 커집니다.

이 지점에서 다시 한번 가치투자에 대해서 언급하고 싶습니다. '가치투자의 아버지'인 전설적 투자가 벤저민 그레이엄Benjamin Graham (1894~1976)은 투기와 투자의 차이를 집중적으로 다루었습니다. 그는 성공한 투기는 투자이고 실패한 투자는 투기라고 농담으로 말한 바 있습니다. 그러나 그렇게 간단하지는 않습니다. 그는 오히려 '안전마진'을 언급합니다. 안전마진은 주식의 구입가격과 그 실질적(내재) 가치의 차이를 나타냅니다. 만일 어떤 주식이 증시에서 60달러인데 여러분이 투자자로서 그 가치를 100달러로 본다면, 안전마진은 40달러 또는 40퍼센트가 됩니다.[23]

'너무 비싸게' 사지 않도록 주의하는 것 역시 미술품 투자자에게 권고됩니다. 그러므로 구입하기 전에 작품이 어떤 가치가 있고 구매가격과는 어떤 상관관계가 있는지 신중히 생각해봐야 합니다.

글로벌 파인아트The Global Fine Art의 CEO인 아르네 프라이헤어 폰 노이베크Arne Freiherr von Neubeck 박사와 투자대상으로서의 사진예술에 대해 이야기를 나누었습니다.

Q 투자대상으로 사진예술은 어떤 장점이 있습니까?

A 사진 매체는 새로 투자를 시작하는 사람들에게 아주 적합합니다. 유명 작가들의 작품도 비교적 낮은 가격으로 구입할 수 있어, 1만 유로 미만으로도 국제적으로 중요한 작가의 미술관에 걸릴 만한 작품을 구입할 수 있습니다. 회화의 경우 그런 금액으론 불가능하고, 종이에 작업한 작품들도 국제적으로 유명한 작가 것을 구매하려면 이미 10만~100만 유로 단위를 지불해야 할 겁니다. 사진은 가격수준이 비교적 낮아서 구매 시 높은 수준의 다각화가 가능합니다. 게다가 사진작품은 재료와 크기로 인해 다른 장르 작품보다 운송 및 보관 비용이 덜 듭니다.

Q 어떻게 작품을 선택하십니까?

A 20세기가 처음에는 흑백이었다가 1960, 1970년대에는 점점 컬러로 변해간 아날로그 사진으로 대표된다면, 21세기는 디지털 사진이 지배하고 있습니다. 여기에서 처음에는 모두, 나중에는 대부분 아날로그 인화 작업을 했던 옛 사진 거장들을 한편으로, 디지털카메라, PC, 프린터를 주요 수단으로 사용하는 컨템퍼러리 사진작가들을 또 한편으로 구분해야 합니다. 물론 이런 작업방식의 변환은 많은 사진작가에게 자연스럽게 일어납니다. 컬렉션을 만들어나갈 때는 우선 시작하고 싶은 부문을 정해야 합니다. 기회와 리스크는 다양한 영역에 걸쳐 존재합니다. 그러므로 다른 투자형태에서와 마찬가지로 다각화가 의미 있을 수

있습니다.

Q 구매자는 무엇에 주의해야 하는지요?

A 구매 시 중요하게 볼 것은 사진의 출처와 얼마나 오래되었는지입니다. 이른 바 빈티지 프린트는 처음 만들어진 후 얼마 안 되었을 때 인화한 것인 반면, 레이터 프린트 또는 라이프타임 프린트^{lifetime prints}는 한참 후에 인화한 것입니다. 사진작가 사후에 재단을 통해 인화본이 만들어지는 경우도 드물지 않습니다. '오래된' 오리지널(빈티지), 후기 오리지널(레이터/라이프타임)과 사후 인화본은 당연히 의미와 가격수준이 다릅니다. 테크닉 또한 중요한 역할을 합니다. 흑백사진 뿐만 아니라 컬러사진에도 다양한 현상기법이 적용되는데 이는 다시 가격에 영향을 주게 됩니다. 여기에 또 에디션이 있습니다. 예전에는 빈번히 제한 없이 프린트되었으나 오늘날은 에디션 수를 확정해 희소성을 부여하는 것이 일반적 관행입니다. 이러한 복잡성이 있어서 신규 입문자에게는 전문가의 조언을 받는 것이 현명한 방법입니다.

새로운 투자옵션: 토큰화된 클래식 작품과 디지털 미술품 펀드
(아트 프랙셔닝)

작품의 직접 구입 외에 미술품을 자산의 한 종류로 만드는 또 다른 방법이 있습니다. 즉 클래식 작품의 지분이나 미술품 펀드를 구입하는 것입니다.

소액 펀드 투자로도 고가의 클래식 작품에 투자할 수 있도록 여태까지는 선별된 실물 작품이 구입되었습니다. 폐쇄형 부동산 펀드처럼 투자자는 지분을 살 수 있습니다. 최소 5년의 보유기간이 지난 다음 미술품은 이상적으로 이익을 남기며 팔리고, 수익금은 투자자들에게 배분됩니다.

그러나 이 전통적 펀드 솔루션은 시장에 얼마 존재하지 않습니다. 투자가 자주 성공적이지 못했습니다. 준비 및 운용 비용(진본 검증, 매매, 보관, 보험, 관리 수수료 등)이 비교적 높아 수익률이 낮았습니다. 또한 펀드는 아주 불투명했습니다. 투자자는 어떤 작품이 어떤 가격으로 구입되거나 팔렸는지 알지 못했습니다.[24]

새로운 테크놀로지는 이제 이런 문제를 일부 해결해주고 있습니다. 미술품 디지털 패스포트를 통해 진본 확인, 출처 검증 및 운송 수속과 통관을 쉽게 해주는 이미 설명된 블록체인 이외에 또 하나의 혁신이 있습니다. 토큰화 또는 아트 프랙셔닝이라고도 불리는, 기존 물리적 미술품 펀드의 디지털 형식이 바로 그것입니다.

이 혁신 기술은 한 작품 또는 전체 컬렉션의 디지털 지분을 만들 수 있게 하며, 다각화된 포트폴리오를 구축하고 또 지분을 거래할 수 있게 합니다. 이러한 구입가능성은 이미 뉴욕의 마스터웍스Masterworks, 함부르크의 파이넥시티Finexity 또는 스위스의 아르테문디Artemundi 등의 회사가 제공하고 있습니다. 이런 플랫폼들은 적은 금액으로 미술품에 투자할 수 있게 해줍니다(부록 웹사이트 참조).

파이넥시티 AG의 창립자이자 CEO인 파울 후엘스만Paul Huelsmann에게 회사가 투자자에게 어떤 이점과 안전성을 제공하는지 문의했습니다.

저희는 고객들이 블루칩 미술품에 100퍼센트 디지털로 유연성 있게 지분참여 할 수 있는 기회를 제공합니다. 소액인 500유로부터 가능하지요. 투자자들은 소유자처럼 작품의 가치상승과 세금최적화된 보관으로 이득을 볼 수 있고, 저 희는 소장 이력 검증을 포함한 작품 선정, 구입 및 보험을 책임집니다.

이 흥미로운 투자방식은 관심 있는 사람들에게 적은 돈으로 유명 작품에 투자할 기회를 열어줍니다.

그러나 여기에서도 가격을 정확히 알고 분석해야 합니다. 작품 또는 펀드의 설명서를 자세히 검토해보십시오. 구매가격이 얼마였습니까? 표시된 가격 및 비교가격이 총가격인지 아니면 세금 불포함 가격(낙찰가격)인지요? 작품이 수익을 낼 수 있는 좋은 가격으로 구입되었습니까? 작품을 이미 비싸게 구입한 것은 아닌가요? 이럴 때는 종종 제공된 데이터로 충분하지 않기에 검증된 전문가를 통한 분석이 권장됩니다.

또한 관리 수수료가 적당한지, 누가 그리고 언제 구입과 매도를 결정하는지, 또한 관리회사가 작품 전시 등을 통해 가치상승에 기여할지 등도 중요합니다.

작품의 법적 소유권은 누구에게 있는지, 작품은 어떤 보험에 들어 있는지도 조사해야 합니다. 또한 작품이 위조품으로 밝혀지거나 도난당하거나 사기행위가 발생하면 어찌 되는지도 알아봐야 합니다.

깨알같이 쓰인 조항들을 항상 아주 꼼꼼하게 읽어보십시오. 특히 구매조건이 너무 좋아 보일 때는 세심한 검증(정밀 실사due diligence)을 해야 합니다.

블루칩 작품에 대한 지분투자 서비스를 처음으로 제공했던 회사 중 하나인 뉴욕 마스터웍스의 CEO 스콧 린Scott Lynn에게 이메일로 그의 사업아이디어에 대해 물어봤습니다.

Q 회사에서 구입한 첫 작품은 무엇이었고, 구입한 이유는 무엇이었나요? 언제 어떻게 마스터웍스에 대한 아이디어가 생겼습니까?

A 저희의 첫 작품은 앤디 워홀의 〈매릴린〉이었습니다. 저는 지난 20년간 콘텐츠회사, 광고회사, 핀테크회사를 설립했습니다. 또한 스무 살 즈음부터 미술품 수집도 시작해 미국에서 상위 100대 컬렉션 중 하나를 갖고 있습니다. 저는 늘 이 투자 부문에 확실한 수익창출 속성이 있다고 생각했습니다(예를 들어 컨템퍼러

리 아트는 1995년 이래 13.6퍼센트의 가치상승을 보였습니다). 그러나 수백만 달러에 달하는 그림을 본인이 직접 구입하는 방법 이외에는 거기에 투자하는 것이 근본적으로 불가능했습니다.

Q 마스터웍스 플랫폼을 통해 미술품 투자에 누구나 접근할 수 있습니다. 개인 고객 및 특히 기관투자자를 위한 이점으로는 뭐가 있을까요?
A 마스터웍스 이전에는 수백만 달러짜리 그림을 직접 구입하는 것 말고는 달리 투자할 방법이 없었습니다. 따라서 실질적 이점은 투자자가 처음으로 타 부문과 상관관계가 없고 평균 이상으로 성장하는 투자 부문에 자산을 배분할 기회를 갖는 것입니다.

언급할 가치가 있는 것은 미술 분야가 1조 7,000억 달러 이상의 가치와 600억 달러의 연간거래액을 가진 투자 부문이라는 것입니다. 비교하자면 벤처캐피털(VC)과 프라이빗에쿼티(PE) 시장은 미술시장의 약 두 배 규모이며(3조 4,000억 달러), 다양한 투자자 타입—개인, 컨설턴트, 패밀리오피스, 기관투자자 등—에게 서비스를 제공하는 9,000개가 넘는 회사가 있습니다. 저희는 이 투자 부문을 대상으로 한 증권화와 상품개발의 아주 초기 단계에 있습니다.

Q 구입 및 매각 전략에 관련하여, 구매를 잘해야 이익이 보장된다고 생각할 때, 어떻게 일반 거래가격 이하의 작품을 찾습니까? 작품을 매각할 때가 되었다는 것을 어떻게 알게 됩니까?
A 저희 투자 프로세스는 자체 조사연구팀이 도출한 분석을 통해 어떤 시장 부문과 작가들이 가장 매력적인 역사적 가치 성장 특성을 가지고 있는지 정의하는 것으로 시작됩니다. 요즘에는 일반적으로 가장 매력적인 가격상승을 보여왔

고 시장유동성이 가장 큰 컨템퍼러리 아트와 20세기 미술에 대한 분석에 집중하고 있습니다. 컨템퍼러리 아트와 20세기 미술 내에서는 약 45명 작가의 작품 구입에 집중하는데, 거기에는 바스키아, 피카소, 뱅크시, 쿠사마Kusama Yayoi 와 워홀 작품노 포함됩니다. 이러한 분석 결과를 바탕으로 저희의 구매팀은 가격이 100만에서 3,000만 달러 사이인 그림을 찾기 위해 매일 활발하게 판매인들과 접촉하고 있습니다. 현재 2,100점이 넘는 그림의 구입 제안을 받고 있는데, 저희가 보는 것의 약 1~2퍼센트를 매입합니다.

미술품 거래의 수익은 이벤트를 따르는 경향이 있습니다. 무슨 말인가 하면, 한 작가 작품을 매각하기 가장 좋은 때는 비슷한 작품이 공개적으로 팔렸을 때, 작가가 판매가격 기록을 세웠을 때, 미술관 회고전이 있을 때 등입니다.

미술시장의 일부와 금융시장의 융합은 미술 관련 주식만을 사고파는 거래 플랫폼의 등장으로 더욱 가속화되고 있습니다. 예를 들어 아르텍스Artex MTF AG는 2023년 초에 다자간 거래 시스템의 운영 라이선스를 취득했습니다. 이 회사는 유럽 경제권에 기반을 두고 있으며 리히텐슈타인 금융시장 당국의 규제를 받습니다. 미술 관련 주식만 취급하는 최초의 증권거래소 중 하나인 아르텍스를 통해 새로운 대체 자산 클래스인 미술품 주식에 투자 및 거래가 가능하게 됩니다. [특정 미술품으로 하나의 회사를 설립하고 그 주식을 상장 및 유통하는 이 비즈니스 모델의 성공 여부는 아직 불투명. 계획했던 IPO는 2023년 11월 현재 지연 중이다.]

미술품과 법

미술은 영감을 주지만, 미술시장은 다양한 참여자의 권리와 의무가 있는 비즈니스 영역입니다. 개별 사례에서 불쾌하게 놀라지 않으려면 이 권리와 의무를 인지하는 것이 필수입니다.

특히 국제 미술품 거래에는 매우 복잡할 수 있는 법적 리스크가 존재합니다. 유·무형 상품의 품질보증 또는 계약철회 옵션 등의 종류와 범위에서 국가마다 법률 시스템이 상이하기 때문입니다. 법적 분쟁 발생 시 근거로 할 수 있는 일반적으로 적용가능한 국제사법international private law은 없습니다.

그러므로 구매 시점에 이른바 준거법을 선택해 계약이 어떤 법에 적용받는지, 분쟁 시 관할법원 소재지를 지정해놓는 것이 중요합니다. 이런 합의는 판매자와 구매자 양 당사자가 안심하고 거래하는 데 도움이 될 수 있습니다. 그러나 준거법을 정해놓지 않으면 분쟁이 발생할 경우 소송이 제기된 법원이 관할권과 적용법을 결정하게 되어 그 법원의 영향권에 들게 됩니다. 독일에 있는 구매자라면 비용과 승소가 능성이 불확실한 일본, 탄자니아 또는 미국에서 소송을 시작하는 것은 꺼릴 수밖에 없습니다.

신중하게 계약 조항을 작성함으로써 특히 해외 구매에서 발생하는 분쟁의 리스크를 사전에 제한할 수 있습니다.

변호사 에바 제피나Eva Dzepina가 몇 가지 요점을 정리했습니다:

- 구매 대상물의 서술에 유의하십시오. 중요한 특성(제작연도, 작가, 에디션 수량, 소장 이력 등)을 계약서에 명백히 기록하십시오.
- 숨겨진 가격상승 요인에 주의하십시오. 노출되지 않은 추급권 비용, 세금, 수수료 등의 비용 요소들은 처음부터 문서로 확인 가능해야 합니다.
- 경우에 따라 있을지 모를 재판매 제한 조건에 주의하십시오. 어떤 작가들은 구매자에게 일정 기간 작품 의무보유와 작가의 재구입권 인정을 요구합니다.
- 단지 작품을 구입하는 것으로 작품에 대한 모든 권리를 취득하는 것이 아님에 주의하십시오. 복제(어떤 매체로든), 상품화, 파기, 다른 형태로 설치, 변조는 통상 허락되지 않습니다.
- 수탁 작가(주문제작 작가)는 기본적으로 예술적 창작에서 자유롭기를 바랍니다. 주문한 작품에 대한 기본 요구사항을 문서로 확실히 남기십시오.
- 디지털 및 멀티미디어 작품의 특별 요구사항에 유의하십시오. 부정 복제에 대한 안전장치, 진본성과 완전성에 대한 보증, 멸실과 파손에 대한 실질적 대책을 포함시킬 수 있습니다.

영국의 변호사 에바 제피나에게 어떻게 미술 분야를 전문으로 다루게 되었는지 물어봤습니다. 또한 그녀의 경험으로 미루어볼 때 새로운 미술품 구매자들은 무엇에 주의해야 할지 질문했습니다.

Q 어떻게 미술과 법이라는 주제를 다루게 되었는지요? 어떻게 시작되었나요?

A 대학에서 법을 전공하는 동안 뭔가 아쉽다고 느꼈습니다. 아마도 시각적 미학과 판타지였겠지요. 법이란 가끔 아주 수학적입니다. 균형을 위해, 또 역사와 미술에 관심이 있던 터라 법학과 병행해 한두 학기 미술사를 공부하고 싶었습니다. 골동품 수집에 대한 열정 역시 그것과 잘 맞아떨어졌습니다. 미술과 법학의 다양한 관점을 비교하는 것도 재미있었습니다. 그래서 결국 양쪽을 모두 직업으로 삼을 생각을 했고, 미술 관련 법을 다루는 변호사로서 그것이 가능해졌습니다. 그러나 중요한 것은 이 영역을 연결하는 철학적 질문들은 실제 상황과는 거의 관련이 없다는 겁니다. 미술시장은 결코 낭만적이지 않습니다.

Q 고객들이 의뢰하는 가장 흔한 사례로는 어떤 것이 있는지요?

A 경매에서 작품을 잘못 기술한 경우가 자주 있습니다. 말하자면 경매 매물에 대한 설명에서 경매회사들은 간혹 너무 긍정적입니다. 이는 결국 고객에게는 실망으로 이어집니다. 추급권─프랑스나 독일 등 몇몇 국가에서 지불하는─을 간과하는 미술품 중개상이나 딜러도 아주 많은데, 제 생각에는 꽤 놀라운 일입니다. 왜냐하면 추급권은 전혀 몰랐던 새로운 영역이 아니며 늘 있는 것이니까요. 또한 충분한 증거가 있음에도 작가의 오리지널 작품들이 왜 작품 목록에 수록되지 않느냐는 불만도 계속 제기되고 있습니다. 이것이 단지 목록 관리자의 진본성 고려 때문인지 또는 시장을 통제하려는 이해관계도 작용하는지는 의문입니다.

미술법 분쟁의 대부분은 근본적으로 관련된 당사자들이 모든 중요한 문제를 협의하지 않고 문서화된 계약을 체결하지 않는 것에 기인합니다. 의뢰인을 위해 법정에 섰는데 계약서가 존재하지 않아 단지 증인 한 사람이 5년이 지난 작은

일 하나—그러나 결정적인—를 기억해내야만 하는 상황이라면 아주 좌절감을 느끼게 됩니다. 지금은 대여한 작품이 미술관 창고에서 흔적 없이 사라진 케이스를 다루고 있는데, 아주 흥미롭게 진행될 것 같습니다.

Q 경험으로 미루어, 새로운 미술품 구매자들에게 무엇에 주의하라고 조언하시겠습니까?

A 법적 분쟁 보호보험을 드는 것이 기본적으로 좋습니다. 법적 분쟁의 비용 리스크는 자신의 권리를 추구하는 데 장애요소가 되며, 미술품 구입에 관련된 법적 분쟁을 포괄적으로 커버하는 보험은 손해를 일정 범위로 한정시키는 데 기여합니다.

그리고 구매자로서 컬렉션 분야에 대해 스스로 공부도 해야 합니다. 전문가나 여타 이해관계자들의 말에만 의존해서는 안 됩니다. 작품이 마음에 들기 때문에 구입해야지, 그것으로 좋은 비즈니스를 할 수 있다는 생각만으로 구입하지는 마십시오. 그러면 비즈니스로서는 잘못되더라도 적어도 즐겨 바라볼 아름다운 작품이 여러분의 거실에 있을 겁니다.

구매나 경매에 관련된 모든 사항을 계약으로 문서화해 명확히 하고, 매도자 또는 중개자에게 특성, 원작권, 시장가치나 시장성을 문서로 확인하게 하십시오. 이는 특히 골동품, 작품 목록, 소장 이력에도 적용됩니다. 판매자가 보증을 적게 하려 할수록, 더 회피적으로 표현할수록, 구매자는 더 숙고해야 합니다. 위탁 제작 시에는, 작가가 최대한 자유롭게 표현할 수 있어야 하겠지만, 여러분의 최소 요구조건과 금지사항을 문서로 합의하십시오. 작품에 열광하더라도, 경제적 실용주의가 감탄과 경외심보다 우선되어야 합니다. 작품의 경제적 가치는 외부에서 측정되는 만큼으로 정해집니다. 그리고 결국 본인의 생각이 가장 중요합니다.

이 장에서 알게 된 것

미술품 구입 목적이 즐기는 것만이 아니고 그것으로 수익도 창출하는 것이라면, 구입 전에 유의해야 할 몇 가지 사항이 있습니다. 미술품 투자는 증권시장과 비교할 수 있어 증시의 특정한 투자전략은 미술품 투자에도 적용할 수 있습니다. 그러나 미술품은 배당 지급이 없고, 발견하지 못한 위조 리스크 또는 도난과 파손에 따른 위험도 잠재합니다. 또한 작품의 가격은 보는 사람 눈에 따라 다르기 때문에 재판매가 보장되지도 않고, 팔기까지 때때로 수년이 걸릴 수도 있습니다.

컨템퍼러리 작품과 클래식 작품, 특히 블루칩들이 투자에 가장 적합한 것으로 입증되었습니다. 투자수익은 특히 젊은 컨템퍼러리 작가들에서 크게 나올 수 있지만, 작가가 기대만큼 성공하지 못하고 따라서 작품도 가격상승을 보이지 못할 리스크도 큽니다. 반면 클래식 작품, 특히 블루칩은 시장가치를 유지하거나 상승도 할 수 있는 아주 좋은 기회를 제공합니다. 그럼에도 항상 전문가 의견을 받아볼 것을 권장합니다. 자세한 시장 및 가격 분석을 작성하게 하고, 미술시장에서 전문가의 지식과 네트워크의 혜택을 누리십시오. 무엇보다도 가격의 불투명성이 전문지식 없이는 미술품 투자에 관한 올바른 의사결정을 어렵게 하기 때문입니다. 가격조사 외에 작품의 진본 여부 확인도 필수입니다. 또한 발생할 수 있는 추가 비용에 관심을 가져야 하며 작가에 대해서도 충분히 알아야 합니다. 미술품 투자를 위한 추가적 옵션으로, 전통적인 물리적 펀드의 디지털 형태인 아트 프렉셔닝을 통해 혁신을 이룬 미술품 펀드가 있습니다. 아트 프렉셔닝은 한 작품 혹은 전체 컬렉션까지 디지털 지분을 판매할 수 있게 합니다. 미술품 펀드도 작품 진본성 증빙과 위조나 사기에 대비한 안전장치에 유의해야 합니다.

구매하기 전에 미리 다양한 관련 당사자들의 권리와 의무를 명백히 해놓아야 합니다.

5장

실제 미술품 구매에 앞서

이 장에서 알게 되는 것

* 미술품으로 삶을 풍요롭게 하기

* 진일보하도록 도움을 줄 자료

* 유용한 웹사이트

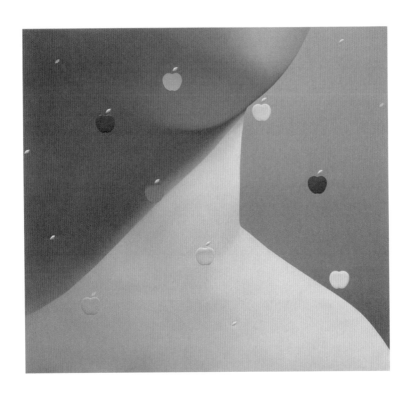

비비안 그레벤Vivian Greven, 〈APL〉(2020), 부분
캔버스에 유화, 200×220㎝
사진: 이보 파버Ivo Faber, 뒤셀도르프 카델 빌보른Kadel Willborn '푼다치온 메디아노체0 Fundacion
MEDIANOCHE 0의 승인하에 수록

"아는 것을 연습해라.
그러면 모르는 것이 무엇인지 아는 데 도움이 될 것이다.

_렘브란트

새로운 지식을 어떻게 활용할 수 있는가

전설적인 투자가 워런 버핏으로부터 영감을 얻으세요. 스스로에게 투자하십시오.

당장 오늘부터 시작해서 주기적으로 일주일에 한 번 또는 하루 5분간 창의적 시간을 갖도록 계획해보십시오. 새로운 무언가를 시도하는 것을 3일 이상 미루면 실현가능성이 현저히 떨어진다는 게 입증된 바 있습니다. 그러니 지금 시작하는 것이 좋습니다. 새로운 세상을 열어보십시오.

시각적인 에너지 보충을 위해 휴식시간을 활용하거나 잠깐 짬을 내십시오. 매일 5분간 뭔가 시각적으로 매력을 주는 것에 몰두해보십시오. 그렇다고 해서 글을 읽어야 한다는 의미는 아닙니다. 단지 그림만 보고 있어도 됩니다. 몇 분간 그림 하나만 바라보고 있으면 무슨 일이 일어나는지 시험해보십시오. 표현된 것을 기억할 수 있습니까? 그게 다음 날에도 머릿속에 있나요? 그 그림을 아이와 함께 본다면 어떤 일이 생길까요?

주말에 시간이 더 많다면 새로운 방법을 사용해보십시오. 기본지식을 쌓고, 미술을 일상에 통합시켜보십시오. 여러분에게 제일 적합하고 제일 간단하게 사용할 수 있는 매체를 하나 고르십시오.

영화를 즐겨 본다면 한 작가에 대한 다큐를 찾아보십시오. 인스타그램으로 서핑한다면 흥미롭다고 생각하는 작가를 팔로우해보십시오. 책장을 넘겨보고, 주제와 관련된 책을 찾아 도서관이나 집에서 읽어보십시오.

작품을 미술관에서 보는 것을 선호한다면 인근 미술관의 디지털 소개 프로그램에 대해 알아보고, 전 세계 유명 미술관을 온라인으로 방문해보기도 하십시오.

여러분의 삶에서 더 많은 공간을 미술에 할애할수록, 어떤 작품을 집 안에 가까이 두고 싶은지, 구매자로서 어떤 작품이 적합한지 판단하기가 더 쉬워짐을 알게 될 것입니다.

미술에 가까이—예술은 모두를 위한 것

이제 미술세계는 더 이상 배타적인 회원전용 클럽이 아닙니다. 여러분이 더 능동적으로 참여할수록 미술세계를 형성하는 데 조금이라도 도움이 될 수 있고, 전시되고 제작되는 작품의 선정에 기여할 수 있습니다. 여러분이 전시회를 방문하면 관람객 수가 증가합니다. 작품을 온라인으로 보고 조사하면 해당 사이트의 '트래픽'을 늘리는 데 기여합니다. 여러분이 어떤 젊은 작가의 작품을 구입하면 그를 지원하고 발전을 격려하게 됩니다. 여러분이 어느 유명 작가의 작품을 구입하면 그 구매는 또한 그 작가 시장의 발전을 이어가게 합니다. 여러분의 선택이 관련성을 높여 그런 스타일이 더 관심을 받게 되고 지속됩니다.

그러나 시장 발달을 차치하더라도 여러분의 선택과 열정은 주변에 파급됩니다. 가족, 친구들, 지인들이 여러분의 관심사를 알게 될 것이고, 아마도 같이 참여하고 싶어 하거나 그에 대해 더 알고 싶어 할 겁니다.

미술은 기쁨과 열정을 전달할 수 있습니다, 전염성이 있지요! 그것을 즐기고 계속 나아가십시오. 평생 함께할 열정과 앞으로의 발전을 아무도 여러분에게서 뺏을 수 없습니다. 일상에서 조금이라도 휴식이 필요할 때마다 새로운 관심 분야와 영감의 원천에 빠져보십시오. 새로운 세상이 열려 있습니다.

주제는 결코 소진되지 않습니다. 항상 계속해서 새로운 미술과 새로운 작가가 나옵니다. 미술은 여러분에게 생동감을 주고 영혼을 젊게 만듭니다. 미술과 같이 살아가는 데 나이가 너무 들었거나 경험이 없는 것은 결코 문제가 되지 않습니다. 저는 누구나 미술이 있는 삶을 살기를 권하고 싶습니다. 제 소망은 모든 사람이 선입견 없이 그리고 호기심을 가지고 미술과 마주해 영감을 받고 미술에 둘러싸여 살며, 그래서 삶이 더 풍요로워지는 것입니다. 이 책을 통해 그에 기여할 수 있기를 바랍니다. 그 이유는, 잘못된 경외심 때문에 미술이라는 주제를 두고 불필요하게 망설이며, 미술을 접하고 미술품을 구매하지 못하는 사람들을 적지 않게 만났기 때문입니다. 투자대상으로 적합한 미술품은 소수지만, 삶을 아름답게 만들어줄 풍부한 작품이 여러분을 기다리고 있습니다. 젊은 작가의 작품을 선택한다면, 나아가 우리 사회를 위해 지속가능한 기여를 하는 셈이기도 합니다.

여러분이 혹시 가졌을 두려움을 이 책이 덜어주었기를 바라며, 미술이 삶의 일부분이 되는 길을 알려주고, 미술품을 구입할 용기를 주었기를 바랍니다.

이로써 이미 우리는 이 책 마지막에 거의 도달했습니다. 그렇지만 저는 여러분을 혼자 두지는 않을 겁니다. 항상 최신 상황 파악을 원하고 저의 새로운 발표와 혁신적 프로젝트를 보고 싶다면 뉴스레터 구독 신청을 하십시오. www.ruthriechert.com

미술품의 평가나 구매와 관련해 지원이 필요할 경우 다음 주소로 문의 바랍니다. www.artvaluation.io

여러분을 지원하기 위한 추가 제안

저자의 출판물 및 관련 인터뷰(일부만 선정)

• "Preisentwicklung und Marketing im zeitgenössischen Kunstmarkt des 21. Jahrhunderts von 2000 bis 2007, Schriften zur Kunstgeschichte(2000년부터 2007년까지 21세기 컨템퍼러리 아트의 가격변동과 마케팅, 미술사 논고)", Dissertation(박사 학위논문)(Hamburg: Verlag Dr. Kovac., 2013).

• "Kunst-Investments: Die Pandemie als Chance für institutionelle Investoren(미술 투자: 기관투자자를 위한 기회로서의 팬데믹)", *Deutsche Pensions- und Investmentnachrichten, dpn*(독일 연금투자정보 기고문), April/Mai 2021, S. 52-57.

• "NFTs am Kunstmarkt − Der Beginn einer neuen Epoche(미술시장의 NFT─새로운 시대의 시작)", 프랑크 돌Frank Doll과의 인터뷰, *WirtschaftsWoche*, 19 Mai 2021.
https://www.wiwo.de/my/finanzen/boerse/nfts-am-kunstmarkt-der-beginn-einer-neuen-epoche/27196684.html?ticket=ST-635504-ubCHc4y45rASykRJD4r5-cas01.example.org

• "Das neue Gold − So finden Sie gute Kunstinvestments(새로운 황금─좋

은 미술품 투자를 찾는 법)", 투자대상으로서의 영 아트에 대한 프랑크
돌의 기사, *WirtschaftsWoche,* 27 November 2020, S. 88-92.

- "Das macht Kunst noch attraktiver als Geldanlage(이것이 미술품을
투자 대상으로서 더욱 매력 있게 만듭니다)", 프랑크 돌과의 인터뷰,
WirtschaftsWoche, 5 Dezember 2021.
https://www.wiwo.de/my/finanzen/geldanlage/kunstmarkt-2-0-das-
macht-kunst-noch-attraktiver-als-geldanlage/27854936-all.html

미술품 구매—RPR ART® 기법

추가 정보는 제 웹사이트에서 찾을 수 있습니다. 제 뉴스레터를 구
독 신청해 최신 미술시장에 대해 게시하는 내용을 확인하십시오.

웹사이트
www.ruthriechert.com

언론 기사
관련 기사는 다음에서 볼 수 있습니다.
www.ruthriechert.com/presse

문의
contact@ruthriechert.com으로 연락하실 수 있습니다.

www.ruthriechert.com

소셜미디어

대부분의 채널에서 제 이름을 검색하면 팔로우할 수 있습니다.

링크드인의 경우, 옆에 있는 QR-코드를 스캔하십시오.

또는 www.ruthriechert.com/linkedin으로 가십시오.

트레이드마크 RPR ART®는 독일 특허청에 등록번호 DE 30 2021 115 190.9로 등록되어 있으며, 저자의 지적재산권하에 있습니다.

아트컨설팅에서 유의할 사항

독립적이고 중립적인 자문을 받고 싶다면 예산을 편성하십시오. 만일 아트컨설턴트와 수수료 베이스로만 정산한다면, 수수료를 높이기 위해 작품이 최대한 비싸게 거래될 거라고 예상해야 합니다. 또한 컨설턴트가 작품을 중개하면 갤러리가 그에게 리베이트나 수수료를 주는 것은 빈번합니다. 이 역시 아트컨설턴트에게는 매력적이겠지만, 구매자에게는 아니지요. 두 경우 모두 여러분은 독립적으로 자문받지 못하고 가격투명성을 확보하지도 못하게 됩니다.

저의 조언은 시간당 수수료 베이스로 계약하고 모든 조건을 오픈하게 하라는 것입니다. 컨설턴트가 얼마나 가치가 있는지 곧 알게 될 겁니다.

독립적 아트컨설턴트를 찾을 수 있는 곳

독일에 거주하실 경우, 독일 미술사학자협회Bundesverband Deutscher Kunsthistoriker 또는 독립 미술품감정사 연방 협회Bundesverband Unabhängiger Kunstsachverständiger의 웹사이트에서 인근의 독립적 전문가를 찾아볼 것을 추천합니다.

해외에서는 미술사 협회Association for Art History 또는 전문 아트어드바이저 협회Association of Professional Art Advisors에 연락하십시오. 웹사이트는 이 장 마지막에 안내되어 있습니다.

더 알아볼 만한 자료

도서

- Alan Bamberger, *The Art of Buying Art* (London: Robinson, 2018)

- Austin Kleon, *Steal like an artist* (New York: Workman Publishing Company, 2021)

- Benjamin Graham, *The Intelligent Investor* (New York: Harper Business, 2003)

- Benjamin Hook, *Breakfast at Sotheby's* (London: Penguin Books, 2013)

- Dirk Boll, *Was ist diesmal anders? Wirtschaftskrisen und die neuen Kunstmärkte* (Berlin: Hatje Cantz, 2020)

- Don Thompson, *The 12 Million Stuffed Shark* (London: Aurum Press, 2008)

- Doug Woodham, *Art Collecting Today* (New York: Allworth Press, 2017)

- Georgina Adam, *Dark Side of the Boom* (London: Lund Humphries, 2007)

- Hubertus Butin, *Kunstfälschungen* (Berlin: Suhrkamp, 2020)

- Mason Currey, *Daily Rituals: How Artists Work* (New York: Knopf, 2013)

- Michael Findlay, *The Value of Art* (Munich, London, New York: Prestel, 2014)

- Michael Snayerson, *Boom. Mad Money, Mega Dealers, and the Rise of Contemporary Art* (New York: Hachette Book Group, 2019)

- Neil Gaiman, *Art Matters* (London: Headline Publishing Group, 2015)

- Piroschka Dossi, *Hype – Kunst und Geld* (München: dtv., 2007)

- Sarah Thornton, *Seven Days in the Art World* (London: Granta Books, 2009)

- Thomas González & Robert Weis (Hrsg.), *Kunst-Investment* (Wiesbaden: Gabler, 2000)

- Tom Flynn, *The A to Z of the International Art Market* (London: Bloomsbury Publishing,

2017)

- Warren Buffett, *Berkshire Hathaway Letters to Shareholders 1965–2014*(Bountiful: Explorist Productions, 2016)

- Will Gompertz, *Think like an artist*(London: Penguin Books, 2015)

- Wolfgang Kemp, *Der explizite Betrachter. Zur Rezeption zeitgenössischer Kunst*(Konstanz: University Press, 2015)

미술시장에 대한 다큐멘터리영화

- BBC, The Price of Everything(2018)

- Netflix, Made you look(2020)

미술품 구입 관련 사이트
독일 미술대학

- adbk.de (Akademie der Bildenden Künste München)

- hfbk-hamburg.de

- hfg-offenbach.de

- hgb-leipzig.de

- kunstakademie-duesseldorf.de

- kunsthochschule.org

- udk-berlin.de

독일 갤러리, 미술상

- Bundesverband Deutscher Galerien e. V.: bvdg.de

국제 미술품 딜러 협회

- i-ada.org

온라인 갤러리

- saatchiart.com

- singulart.com

미술품 구매 마켓플레이스

- 1stdibs.com

- artfinder.com

- artspace.com

- artsper.com

- artsy.net

- widewalls.ch

경매회사(온·오프라인)

- christies.com

- kettererkunst.de

- phillips.com

- sothebys.com

온라인 전용 경매회사

- artnet.com

- artprice.com

- aucart.com

- catawiki.com

- thirdman.auction

경매 마켓플레이스

- bidsquare.com

- invaluable.com

- liveauctioneers.com

디지털아트, NFT 마켓플레이스

- blockchain.art

- niftygateway.com

- opensea.io

- superrare.com

- frieze.com

- ifema.es(마드리드 아르코 아트페어)

- tefaf.com

도움이 될 만한 웹사이트

정보 제공

미술사 및 작가

- Khanacademy.org

- moma.org

- tate.org.uk

- theartstory.org

미술계 뉴스

- Artdaily.com

- artforum.com

- artnews.com

- frieze.com

- theartnewspaper.com

독일 미술계 뉴스

- art-magazine.de

- Frankfurter Allgemeine Zeitung: Samstag/faz.net

- Handelsblatt: Dienstag und Freitag/handelsblatt.de

- monopol-magazin.com

- weltkunst.de

디지털아트와 NFT를 위한 프레임

- nftframes.de

- The Frame, Samsung

- tokenframe.com

아트페어

- artbasel.com

- affordableartfair.com

- artcologne.com

- frieze.com

- ifema.es(마드리드 아르코 아트페어)

- tefaf.com

조사연구

데이터뱅크

- artnet.com

- artprice.com

- artory.com

- askart.com

작가 순위

- artfacts.net

- Artnet Index Top 100

- Artprice Top 100

- Capital Kunstkompass

- mm-Kunstindex(매니저 마가진)

미술지수

- Artprice 100 Index

- Mei Moses Fine Art Index

미술시장 분석

- artmarket.com

- artmarketmonitor.com

- artmarketresearch.com

- arttactic.com

미술 관련 앱 등

- Artguide(전시회, 이벤트)

- Limna(가격검증)

- Smartify(작품, 로데이터)

아트컨설팅

독일 독립 아트컨설턴트, 감정사

- Bundesverband der Kunstsachverständigen e. V.(독일 미술품감정사 연방협회)

  bv-kunstsachverstaendiger.de

- Bundesverband Deutscher Kunsthistoriker (독일 미술사학자 연방협회)

  kunsthistoriker.org/expertisen-schaetzungen/

- Verband unabhängiger Kunstsachverständiger e. V.(독립 미술품감정사 협회)

  vuks.de

미술사학자·아트컨설턴트

- Association for Art History(미술사 협회)

  forarthistory.org.uk

- Association of Professional Art Advisors(전문 아트어드바이저 협회)

  artadvisors.org

투자용 미술품 독립 감정

- artvaluation.io

진본 확인 및 상태 확인

- articheck.com

- Fine Art Expert Institute(FAEI): 현재 제네바 미술분석Geneva Fine Art Analysis으로 개칭

  Genevafineartanalysis.ch

기타

미술품 보험

- helvetia.com

- hiscox.de

- zilkensfineart.com

독일 미술품 운송

- delfineart.de

- hasenkamp.com

- mkneiptransporte.de

도난 미술품 등록

- artloss.com

이상의 내용은 2023년 5월 기준입니다.

이 책에 대한 모든 것:

모든 링크에서 'Kunst kaufen'으로 액세스하십시오.

옆의 QR코드를 스캔하거나

www.ruthriechert.com을 방문하십시오.

6장

부록

이어지는 내용

*용어 해설

*주

*감사의 말

라파엘 브룽크, 〈아쿠아주Aquazoo〉(2023)
디지털과 수작업 채색 하이브리드: AI로 텍스트를 그림으로 생성, 알고리즘 이용 전개,
캔버스에 인쇄 및 아날로그로 채색

예술에서 반드시는 없다.
예술은 자유이기 때문이다.

_바실리 칸딘스키

용어 해설

가상현실(VR): 컴퓨터로 생성된 환경의 도움으로 인터랙티브하고 실시간 체험 가능한 현실을 만들어 미술관이나 갤러리의 가상 투어를 가능하게 함. VR안경이나 헤드셋 같은 보조기구가 필요함.

경매회사: 미술품 중개자로서 2차시장에서 중요한 역할을 함. 다양한 작품을 소개, 회사에서 경매로 판매하고, 주로 판매자 수수료와 구매자 수수료로 재정적 이득을 취함.

구매자 수수료: 경매 작품 구매자가 낙찰가에 더해 경매회사에 지불하는 수수료. 유럽 내 평균은 낙찰가의 25퍼센트.

낙찰가격: 낙찰가 또는 해머프라이스는 경매 작품에 대한 최고 호가를 말하며, 이를 기준으로 추가 비용(판매자 및 구매자 수수료, 성공 수수료)이 계산됨.

내정가격: 판매자(위탁자)가 경매 전에 경매회사와 합의하는 최저 낙찰가격을 말하며, 최저 추정가격으로 하한선을 제한함. 이 하한선에 도달하지 못하는 경우 유찰되거나 잠정판매됨(위탁자 동의 필요). 시작가를 내정가격으로 하기도 함.

로트: 경매 대상이 되는 개별 작품에 붙는 관리 번호로 목적물을 확실히 할 수 있음.

마켓플레이스: 미술시장의 경우, 작품이 판매 제안되는 디지털 거래장소를 말함. 갤러리의 디지털 판매 채널인 플랫폼 그리고 작가와 작품을 위해 직접 디지털로 판매하는 플랫폼으로 구분됨. 후자는 특히 순수한 디지털 미술작품의 경우 결정적 역할을 함.

미술대학: 미술대학(미술아카데미)는 작품으로 미술시장에서 성공하려는 작가들에게 가장 권위 있는 교육기관. 미술대학에서 수학한 작가의 작품은 그렇지 않은 작가의 작품보다 대체로 더 낫다고 간주되고 가격도 더 높음. 예외는 있음.

베르니사주: 생존작가 작품이 소개되는 갤러리 전시회 오프닝인 베르니사주에는 가장 중요한 고객들이 초대됨. 아트페어에서처럼, 특별히 구매력 있는 고객들을 위한 전날 저녁의 프라이빗 프리뷰가 종종 있음.

복제품: 미술에 있어 복제는 일반 상행위의 표절에 상응하나, 작품이 복제되어 작가의 이름으로 배포되면 복제품이 됨.

블루칩 작가: 블루칩이라는 용어는 금융 분야에서 왔는데, 높은 수익성을 기대할 수 있는 아주 유명한 회사들의 주식을 의미함. 미술시장에서는 작품가격이 계속 최고 기록을 경신하는 피카소, 모네, 워홀 같은 작가를 가리킴.

성공 수수료: 경매에서 최고 호가가 최고 추정가를 넘어 낙찰되면 경매회사가 판매자로부터 받는 수수료로서, 계약에 따라 다르나 통상 낙찰가의 2퍼센트. 모든 경매회사가 성공 수수료를 요구하지는 않음.

소장 이력: 작품의 출처와 이력을 의미하는데, 작품의 진본성을 확인하고 적법한 취득임을 입증할 수 있도록 소유권 변경이 문서화된 것. 또한 전 소유주가 유명인사 또는 범죄자였다는 등의 내력도 작품가치에 영향을 줌.

미술품 펀드(아트 펀드): 미술품을 투자대상으로 활용하는 펀드로서, 전통적인 물리적 미술품 펀드와 작품을 디지털 지분으로 나누는 혁신적 디지털 미술품 펀드가 있음(→아트 프랙셔닝 참조)

아트 프랙셔닝: 전통적 물리적 미술품 펀드의 디지털 형태로, 작품 또는 전체 컬렉션의 디지털 지분으로 거래됨.

애프터 세일: 작품이 경매에서 유찰되었을 경우—통계적으로 3분의 1 정도—애프터 세일이 있음. 경매회사는 작품을 대부분 경매 전 정했던 최저 낙찰가 금액으로 일정 기간 경매 방식이 아닌 직판매로 내놓음.

에디션: 단 하나만이 아니라 다수로, 그러나 제한된 숫자로 미술시장에 공급되는 작품. 일반 회화처럼 단 하나만 있는 것이 아니고 특정 숫자만큼의 프린트가 존

재함. 피카소 같은 유명 작가도 이런 에디션 작품을 제작했음.

오버헤드 프리미엄: 경매회사 소더비는 낙찰 수수료 이외에도 낙찰가의 1퍼센트를 오버헤드 프리미엄 명목으로 받음.

온라인 뷰잉룸(OVR): 미술관과 갤러리들이 온라인으로 설정한 전시실 관람 투어.

외브르: 외브르ᵒᵉᵘᵛʳᵉ는 과학적 기준에 따라 만들어진 한 작가의 전체 작품 리스트. 작품의 제목, 날짜, 재료, 기법, 크기, 서명과 소장 이력을 포함하며, 이를 통해 작품의 신빙성 있는 식별이 가능함.

위조품: 의도적으로 특정 작가의 이름으로 만들어져 오리지널이라고 제시되는 작품.

일반과세: 차등과세 대비 일반과세 시에는 판매세(부가가치세)가 계산서에 구분 기재됨. 낙찰가와 구매 수수료를 매출로 간주해 합계에 과세함. (일반적으로 기업이 매매자인 경우에 해당)

작가사회보장분담금: 독일에 주소를 둔 기업이 작가(조형예술가, 음악가, 저작가 등)에게 작업을 의뢰할 경우 납부해야 하는 비용. 매년 별도로 정하는 요율에 따르며, 이 납부액은 작가사회보장보험의 30퍼센트 재원이 됨.

증강현실(AR): 현실인지의 확장. 주로 시각적 보완을 통해 그림에 추가적 정보를 제공함. 예를 들어 미완성된 작품을 시각적으로 완성되게 할 수도 있음.

진본 인증서: 작품에 대해 주로 갤러리가 발급하는 증서로서 제목, 제작연도, 크기, 매체 등의 주요 정보를 담고 있으며 작품의 진본성을 보증함. 위조를 방지하기 위해 블록체인 테크놀로지를 이용한 디지털 증명 발급도 가능.

차등과세: 독일의 경우 2차시장에서 특별히 적용할 수 있는 과세 방법. 판매가 전체에 대해 세금을 부과하는 것이 아니라 구매가와 판매가의 차액에 대해서만 과세. 계산서에 이 방식을 적용한 내역이 명시되어야 하며 판매세(부가가치세)는 별도 구분 표시되지 않음(통상 구매자 수수료에 포함 계산). 판매자와 구매자가 개인일 경우 적용 가능. (기업의 경우 →일반과세)

추급권: 갤러리나 경매회사가 작품의 재판매에 관여되었고 그 작가가 생존해 있거나 사후 70년이 넘지 않았다면, 작가나 그 상속인이 가지는 작품 판매금액의 일정 비율에 대한 법적 청구권.

추정가격: 작품이 시장에서 팔릴 수 있다고 추정되는 가격. 통상 낙찰가격이 그 사이에 들도록 최저 추정가와 최고 추정가 범위가 주어짐.

투어, 아카데미 투어: 미술아카데미 투어는 젊은 작가를 개인적으로 알고 창의력을 경험하고 어떻게 작품이 만들어지는지 가까이서 보는 기회. 이 경험은 자신의 취향을 형성하고 구매 결정을 내리는 데 도움이 될 수 있음.

판매자 수수료: 경매에서 작품이 성공적으로 낙찰되었을 때 위탁자가 경매회사에 지불하는 수수료. 판매자 수수료는 경매회사의 가장 중요한 수입원 중 하나이며 낙찰가의 10~25퍼센트에 해당하는 금액.

프리뷰, 프리프리뷰: 갤러리는 아트페어 개막 이전에 최신의 유망한 작품을 선보이기 위해 가장 중요하고 구매력 높은 고객들을 프리프리뷰에 초대함. 그다음에 재력은 덜하지만 구입가능성이 높은 고객들을 프리뷰에 초대하고, 기타 고객들은 오프닝에서 작품을 보게 됨. 프리뷰, 프리프리뷰로 페어 시작 전에 이미 주요 비즈니스는 이루어짐.

호가: 작품의 경매 시작가로서, 경매 시작 전 경매회사가 확정함. 처음부터 많은 응찰자의 관심을 끌고 경쟁을 유발해 가격을 올리기 위해 대부분 호가는 추정가와 내정가 아래에서 정해짐.

황금비율: 황금분할이라고도 부르는 디자인 이론의 하나로서 고대부터 미술, 건축 및 수학에 적용되어왔음. 인간이 특별히 균형 잡혀 있다고 느끼는 배분 비율로 대략 1:168로 정의. 이 원리는 인간 육체와 자연에서 찾을 수 있음. 레오나르도 다 빈치의 인체 드로잉(비르투비우스적 인간, 인체 비례도)에도 황금비율이 적용되었음.

1차시장: 작품이 처음으로 진입하는 시장을 의미. 진입 절차는 금융계에서 투자자가 1차시장에서 처음으로 금융상품을 청약 또는 취득하는 것과 유사함. 미술시장에서는 작가가 새로 창작한 작품을 처음으로 컬렉터, 미술관 또는 투자자 사이에서 중개인 역할을 하는 갤러리에 판매 목적으로 제공하게 됨.

2차시장: 작품이 한 번 팔리고 소유주가 바뀌면, 작품은 2차시장에 있게 됨(참조 →1차시장). 재판매를 위한 가장 중요한 중개자는 미술품 딜러와 경매회사임.

주

1장 도입

1 Deutscher Bundestag, Auswirkungen der Maßnahmen zur Bekämpfung der COVID-19-Pandemie auf das kulturelle Leben in Deutschland. Entwicklungen des Kultur- und Kreativsektors in den Jahren 2020-2021(2021).

2 Wolfgang Ullrich, "Der Kunstmarkt wird gerade neu erfunden", *Wirt-schaftsWoche*, 14 August 2021. https://www.wiwo.de/my/finanzen/geldanlage/essay-der-kunstmarkt-wird-gerade-neu-erfunden/27505360.html?ticket=ST-615773-t15ZTJEixKQmV5Uuekkj-ap4 최종검색일 2021년 8월 18일; Dirk Boll, *Was ist diesmal anders? Wirtschaftskrisen und die neuen Kunstmärkte*(Berlin: Hatje Cantz, 2020).

3 Adriano Picinati di Torcello & Anders Pettersen, *Art & Finance Report 2019. Deloitte Luxembourg and ArtTactic*(2019), p. 80.

4 Samuel P. Fraiberger, Roberta Sinatra, Magnus Resch, Christoph Riedl & Albert-László Barabási, "Quantifying reputation and success in art", *Science Magazine* 10.1126(2018).

5 Andy Warhol, *The philosophy of Andy Warhol. From A to B and back again*(New York: Houghton Mifflin, 1975), loc. 916, Kindle edition.

6 Gisela Maria Freisinger & Mark Böschen, "Spitzensammlerin über die Manipulation am Kunstmarkt", *manager-magazin.de*, 14 Mai 2021. https://www.manager-magazin.de/finanzen/geldanlage/ingvildgoetz-kritisiert-manipulation-am-kunstmarkt-a-b7b0747e-dab9-4261-aef5-b5a6d79d0812 최종검색일 2021년 5월 14일.

7 Park West Gallery, "Are Millenials Interested in Art?" 25 September 2018. https://www.prnewswire.com/news-releases/are-millennials-interested-in-art-yes-new-park-west-gallery-study-finds-300718490.html 최종검색일 2021년 2월 19일.

8 Johann Wolfgang von Goethe, *Maximen und Reflexionen*(CreateSpace Independent Publishing Platform.Goethe, 2013), S. 42.

9   Ruth Polleit Riechert, "Die Corona-Krise wird für eine Revolution am Kunstmarkt

sorgen", *focus.de*, 4 Mai 2020. https://www.focus.de/finanzen/boerse/experten/

machtstellung-der-museen-wird-gebrochen-die-coro-na-krise-wird-fuer-eine-revolution-

auf-dem-kunstmarkt-sorgen_id_11952333.html 최종검색일 2021년 5월 28일.

10   Kenny Schachter, "Breadcrumbs: Art in the age of NFTism curated by Kenny Schachter",

Pressemitteilung Galerie Nagel Draxler, Köln (2021).

11   Keith Haring, *Keith Haring Journals* (New York: Penguin, 2010), p. 17.

12   John Gruen, *Keith Haring. The Authorized Biography* (New York: Fireside, 1991), p. 193.

13   Charles Osgood, "Keith Haring. CBS Sunday Morning" 20 October 1982. https://

www.youtube.com/watch?v=8Nscsx9NldA&t=2s 최종검색일 2021년 10월 30일.

14   Saehrendt, Christian, "So viel schlechte Kunst! Aber woran soll man sie erkennen?",

NZZ, 10 Juni 2018. https://www.nzz.ch/feuilleton/so-viel-schlechte-kunstld.1392254

; Christian Saehrendt, "Bin ich blöd, wenn ich mich im Museum langweile?", *NZZ*,

4 Februar 2018. https://www.nzz.ch/feuilleton/bin-ich-bloed−wenn-ich-mich-im-

museum-langweile-ld.1330092 최종검색일 2021년 2월 11일.

15   Thorsten Jantschek, "Da geht noch was", Deutschlandfunk Kultur, Deutschlandradio.

TACHELES Beitrag vom 12 Juni 2021. https://www.deutschlandfunkkultur.de/

christie-s-chef-ueber-kunstmarkt-und-corona-da-geht-noch-was.990.de.html?dram:article

_id=490542 최종검색일 2021년 7월 27일.

16   Stefan Dege, "Superreiche kapern den Kunstmarkt: Warum zu viel Geld die Kunst kaputt

macht" 14 Februar 2019. https://www. dw.com/de/superreiche-kapern-den-kunstmarkt-

warum-zu-viel-geld-die-kunst-kaputt-macht/a−47523836 최종검색일 2021년 7월

27일.

17   Marcus Woeller, 2017. "Darum zahlte ich 110 Millionen Dollar für ein Bild", *welt.de*, 9

Juni 2017. https://www.welt.de/kultur/kunst/ article165391528/Darum-zahlte-ich−

110-Millionen-Dollar-fuer-ein-Bild.html 최종검색일 2021년 5월 29일.

18   "Over 50 Percent of Art is Fake", *news.artnet.com*, 13 Oktober 2014. https://news.artnet.

com/market/over-50-percent-of-art-isfake-130821 최종검색일 2021년 2월 25일.

19 Hubertus Butin, *Kunstfälschungen* (Berlin: Suhrkamp, 2020), S. 361.

20 Philipp Albrecht & Dirk Schütz, "Meisterfälscher Wolfgang Beltracchi: Ich bin einfach der Beste," *handelszeitung.ch*, 10 Januar 2018. https://www.handelszeitung.ch/panorama/meisterfalscher-wolfgangbeltracchi-ich-bin-einfach-der-beste 최종검색일 2021년 2월 25일.

21 Natalie Maxine Thimm, "Fälscher-Ehepaar Beltracchi: Wir hatten kein schlechtes Gewissen", *capital.de*, 18 Mai 2021. https://www.capital.de/karriere/faelscher-ehepaar-beltracchi-wir-hatten-kein-schlechtes-gewissen 최종검색일 2021년 5월 31일.

2장 미술시장 더 이해하기

1 Christina Karasek, *Künstler machen? Aspekte des Kunstmarktes* (Berlin: VWF, 2004), S. 5 ; Max Hollein, *Zeitgenössische Kunst und der Kunstmarktboom* (Wien: Böhlau, 1999), S. 108.

2 Clare McAndrew, *The Art Market* (An Art Basel & UBS Report, 2021), p. 355.

3 Ibid. p. 17.

4 Ibid. p. 18.

5 Ibid. p. 27.

6 Ibid. p. 27.

7 Thierry Ehrmann, *20 Years of Contemporary Art Auction History* (Lyon: Artprice, 2020), p. 8.

8 Heinz Holtmann, *Keine Angst vor Kunst. Moderne Kunst erkennen, sammeln und bewahren* (München: Econ, 1999); Otto Hans Ressler, *Der Markt der Kunst* (Wien: Böhlau, 2001).

9 Paul Taylor, "Andy Warhol's Final Interview", *Flash Art magazine*, April 1987. https://warholstars.org/andy-warhol-last-interview-2.html 최종검색일 2021년 7월 27일.

10 Hergen Wöbken, *Galerienstudie* Berlin: Insitut für Strategieentwicklung (IFSE in Kooperation mit dem Bundesverband Deutscher Galerien und Kunst-händler (BVDG (2020), S. 5.

11 Arnold Hauser, *Soziologie der Kunst* (München: C.H. Beck, 1988), S. 543.

12 Thomas González, "Kunst als Investitionsgut", Thomas González & Robert Weis, *Kunst-Investment: Die Kunst, mit Kunst Geld zu verdienen* (Wiesbaden: Gabler, 2000), S. 22-23.

13 Christina Karasek, *Künstler machen? Aspekte des Kunstmarktes* (Berlin: VWF, 2004), S. 15.

14 Clare McAndrew, *A Mid-Year Review 2021: An Art Basel & UBS Report Basel* (2021), p. 20.

15 Dirk Boll, *Was ist diesmal anders? Wirtschaftskrisen und die neuen Kunstmärkte* (Berlin: Hatje Cantz, 2020). S. 99-103.

16 Clare McAndrew, *The Art Market* (An Art Basel & UBS Report, Basel, 2023), p. 140.

17 Christian Herchenröder, "Auktionshäuser sind die Gewinner in der Krise", *handelsblatt. com*, 12 Dezember 2020. https://www.handelsblatt.com/arts_und_style/kunstmarkt/rueckblick-auf-den-kunst-markt-2020-auktionshaeuser-sind-die-gewinner-in-der-krise/26727448.html?-ticket=ST-6124016-kBFLDM9mozqX3ThFtgGF-ap4 최종검색일 2021년 5월 18일.

18 DZ Bank Kunstsammlung wird Stiftung, 15 April 2021. https://www.dzbank.de/content/dzbank_de/de/home/unser_profil/presse/news-archiv/2021.2021.15-04-2021-dz-bankkunstsammlungwirdstiftung.html 최종검색일 2021년 5월 24일.

19 Silke Schiefer, *Funktionen von Kunstintermediären* (Köln: Univ.-Diss, 1998), S. 46.

20 Hubert Thurnhofer, *Die Kunstmarkt Formel* (Books on Demand, 2014), S. 30.

21 Max Hollein, *Zeitgenössische Kunst und der Kunstmarktboom* (Wien: Böhlau, 1999), S. 83-84.

22 Wolfgang Ullrich, *Mit dem Rücken zur Kunst. Die neuen Statussymbole der Macht* (Berlin: Wagenbach, 2000), S. 91.

23 Michael North, *Kunst und Kommerz im Goldenen Zeitalter. Zur Sozial-geschichte der niederländischen Malerei des 17. Jahrhunderts* (Köln: Böhlau, 1992), S. 118.

24 Walter Benjamin, *Das Kunstwerk im Zeitalter seiner technischen Reproduzierbarkeit. Drei Studien zur Kunstsoziologie*(Frankfurt: Suhrkamp, 1963), S. 16-17.

25 Erich Raab, "Malername und Bildurteil", *Studien zur Wertungsforschung. Psychologie Ästhetischer Urteile, von Harald Kaufmann*(Graz: Universal Edition, 1970), S. 34-73.

26 Alfred Nemeczek, "Markenartikler der Avantgarde", *Kunstzeitung*, Nr. 126, Februar 2007, S. 13-14.

27 Martin Ackerman, *Smart money and art, investing in fine art*(New York: Barrytown, 2020), p. 52.

28 Samuel P. Fraiberger, Roberta Sinatra, Magnus Resch, Christoph Riedl & Albert-László Barabási, "Quantifying reputation and success in art", *Science Magazine,* 10.1126(2018).

29 Ulrike Klein, *Der Kunstmarkt. Zur Interaktion von Ästhetik und Ökonomie*(Frankfurt am Main: Peter Lang GmbH., 1993), S. 226-229.

30 Christian Herchenröder, *Kunstmärkte im Wandel*(München: Wirtschaft und Finanzen, 2020), S. 22.

31 Hans Belting, *Das Ende der Kunstgeschichte4*(München: C.H. Beck, 2020), S. 26.

32 Michael L. Klein, sothebys.com, 25 September 2020. https://www.sothebys.com/en/articles/key-data-trends-from-art-auctions - during-the-pandemic 최종검색일 2021년 5월 25일.

33 Roman Kräussl, "The Death Effect? Not So Fast", *Art + Auction*, Juni 2013, pp. 154 - 155.

34 Lisa Zeitz, "Die Sozialisierung der Sammler", *FAZ*, 12 Juni 2007, S. K 5.

3장 미술품 현명하게 구입하기—RPR ART® 기법 사용

1 Otto Hans Ressler, "Otto Hans Ressler über die Qualität der Kunst", *kunst-investor.at/aktuell*(2017). http://www.kunstinvestor.at/ aktuell/kommentar-otto-hans-ressler-ueber-die-qualitaet-der-kunst/ 최종검색일 2021년 1월 3일.

2   *Lexikon der Kunst* (Frankfurt am Main: Ullstein Verlag, 1967).

3   Michael Hauskeller, *Was ist Kunst? Positionen der Ästhetik von Platon bis Danto* (München: C.H. Beck, 1998), S. 15-20.

4   Arthur C. Danto, *Die Verklärung des Gewöhnlichen* (Frankfurt am Main: Suhrkamp, 1984).

5   Michael Hauskeller, *Was ist Kunst?*, S. 99-100.

6   Theodor W. Adorno, *Ästhetische Theorie* (1973).

7   Michael Hauskeller, *Was ist Kunst?*, S. 87.

8   Werner Pommerehne & Bruno Frey, *Musen und Märkte. Ansätze zu einer Ökonomik der Kunst* (München: Vahlen, 1993), S. 7-8.

9   Ruth Polleit Riechert, "Preisentwicklung und Marketing im zeitgenössischen Kunstmarkt des 21. Jahrhunderts von 2000 bis 2007" (Hamburg: Verlag Dr. Kovac., 2013), S. 29-31.

10   Boris Groys, "Kunstarbeiter zwischen Utopie und Archiv (Art worker between Utopia Archives)", *schweizermonat.ch,* Februar 2015. https://schweizermonat.ch/kunstarbeiter-zwischen-utopie-und-archiv 최종검색일 2021년 2월 18일.

11   Stefanie Lucci, *Um die Ecke denken. Zur Konstruktion von Qualitätsmerkmalen und Funktionen zeitgenössischer Kunst* (Essen: Klartext, 2008), S. 331.

12   Christian Saehrendt & Steen T. Kittl, *Das kann ich auch! Gebrauchsanweisung für moderne Kunst* (Köln: DuMont, 2007), S. 13.

13   William S. Rubin, *The Museum of Modern Art, MoMA Highlights* (New York: The Museum of Modern Art, revised 2004, originally published 1999), p. 196.

14   Georgina Adam, *Dark Side of the Boom. The Dark Side of the Exzesses of the Art Market in the 21st Century* (London: Lund Humphries Publishers Ltd., 2017), p. 18.

15   Roman Kräussl, "The Documenta Effect", *Art+Auction*, November 2013, p. 207.

16   Ruth Polleit Riechert, "Preisentwicklung und Marketing im zeitgenössischen Kunstmarkt des 21. Jahrhunderts von 2000 bis 2007". S. 113-114.

17   Rohr-Bongard, Kapital-Kunstkompass 1970~2001.

18 Siems Luckwaldt, "Linde Rohr-Bongard: Auf Möbel verzichte ich, auf Kunst nicht", *capital.de,* 29 Oktober 2020. https://www.capital.de/leben/linde-rohr-bongard-auf-moebel-verzichte-ich-auf-kunst-nicht 최종검색일 2021년 3월 15일.

19 Jim Avignon, *The man who got replaced* (Berlin: Ruksaldruck, 1996), S. 16.

20 Doug Woodham, *Art Collecting Today* (New York: Allworth Press, 2017), p. 97.

21 kettererkunst.de, 31 Januar 2021. https://www.kettererkunst.de/verkaufen/fragen-zum-verkauf.php 최종검색일 2021년 5월 18일; kettererkunst.de, Mai 2021. https://www.kettererkunst.de/kaufen/versteigerungsbedingungen.php 최종검색일 2021년 5월 27일; sothebys.com, 1 Februar 2021. https://www.sothebys.com/1-february-2021-buyers-premium.pdf 최종검색일 2021년 5월 27일; sothebys.com, 2021. https://www.sothebys.com/en/glossary 최종검색일 2021년 5월 27일; christies.com, 21 September 2020. https://www.christies.com/buying-services/buying-guide/financial-information/ 최종검색일 2021년 5월 27일; christies.com, 2021. https://www.christies.com/selling-services/selling-guide/before-the-sale 최종검색일 2021년 5월 27일.

22 Dirk Boll, *Was ist diesmal anders? Wirtschaftskrisen und die neuen Kunstmärkte* (Berlin: Hatje Cantz, 2020), S. 111-112.

23 Doug Woodham, *Art Collecting Today*, p. 101.

24 Erling Kagge, *Große Kunst für kleines Geld (Big art for small money)* (Berlin: Insel, 2009), S. 99.

25 Robert Read, "Hiscox online art trade report 2021", Part one (London, Hiscox and ArwtTactic, 2021), pp. 27-31.

26 Thierry Ehrmann, "The Contemporary Art Market Report in 2021" (Lyon: Artprice, 2021).

4장 투자대상으로서의 미술품

1   Martin Ackerman, *Smart money and art, investing in fine art* (New York: Barrytown, 2010), p. 26.

2   Olav Velthuis, *Talking prices. Symbolic Meanings of Prices in the Contem-porary Art Market* (Princeton: University Press, 2013), pp. 1-2.

3   Heinz Holtmann, *Keine Angst vor Kunst. Moderne Kunst erkennen, sam-meln und bewahren* (München: Econ, 1999), pp. 191-192 ; Dirk Boll, *Was ist diesmal anders? Wirtschaftskrisen und die neuen Kunstmärkte* (Berlin: Hatje Cantz, 2020), p. 13.

4   Ruth Polleit Riechert, "Preisentwicklung und Marketing im zeitgenössischen Kunstmarkt des 21. Jahrhunderts von 2000 bis 2007" (Hamburg: Verlag Dr. Kovac, 2013), S. 49-50.

5   www.artvaluation.io

6   Arthur Korteweg, Roman Kräussl & Patrick Verwijmeren, "Does it Pay to Invest in Art? A Selection-Corrected Returns Perspective", *Review of Financial Studies*, Vol. 29, No. 4, 2016.

7   Roman Kräussl, "Medium Matters", *Art+Auction*, September 2014, pp. 114-115.

8   Robert L. Bloch, *My Warren Buffett Bible* (New York: Skyhorse Publishing, 2015), p. 50.

9   Warren Buffett, "Berkshire Hathaway Letters to Shareholders", 27 February 2009, p. 5. https://www.berkshirehathaway.com/letters/2008ltr.pdf 최종검색일 2021년 10월 28일.

10 Warren Buffett, *Forbes 400*, 21 October 1991.

11 Robert L. Bloch, *My Warren Buffett Bible* (New York: Skyhorse Publishing, 2015), p. 3. 재인용.

12 Mary Buffett & David Clark, *The Tao of Warren Buffett* (New York: Scribner, 2006), p. 153. 재인용.

13 Warren Buffett, "Berkshire Hathaway Letters to Shareholders", 28 February 1989. https://www.berkshirehathaway.com/letters/1988.html 최종검색일 2021년 10월

27일.

14 Mary Buffett & David Clark, *The Tao of Warren Buffett*, p. 80, 재인용.

15 Warren Buffett, "My greatest investing advice and the investment ever-yone should make", *Forbes.com*, 27 September 2017. https://www.forbes.com/sites/randalllane/2017/09/20/warren-buffett-my-greatest-investing-advice-and-the-investments-everyone-should-make/?sh=f34918a593ea 최종검색일 2021년 10월 27일.

16 Ibid.

17 Werner Pommerehne & Bruno Frey, *Musen und Märkte. Ansätze zu einer Ökonomik der Kunst* (München: Vahlen, 1993), S. 111-112.

18 Dirk Boll, *Was ist diesmal anders? Wirtschaftskrisen und die neuen Kunstmärkte*, S. 90.

19 Louisa Buck & Judith Greer, *Owning Art* (London: Cultureshock Media Ltd., 2006), pp. 123-124.

20 Ruth Polleit Riechert, "Kunst-Investments – die Pandemie als Chance für Investoren", *Deutsche Pensions- und Investmentnachrichten (dpn)*, April/Mai 2021, S. 55.

21 Roman Kräussl, "Medium Matters", pp. 114-115.

22 Alan Bamberger, *The Art of Buying Art* (London: Robinson, 2018), p. 115.

23 Thorsten Polleit, *wiwo.de,* 27 September 2017. https://www.wiwo.de/finanzen/geldanlage/intelligent-investieren-spekulierst-du-noch-oder-investierst-du-schon/20382384.html 최종검색일 2021년 5월 31일 ; Benjamin Graham, *The Intelligent Investor* (Harper Business, 2003).

24 Noah Horowitz, *The Art of the Deal* (Princeton University Press, 2011), pp. 143-187.

감사의 말

이 책이 나오기까지 도움을 주신 모든 분께 감사드립니다.

특히 가족, 남편 토르스텐 폴라이트와 오빠 마티아스 리허르트, 부모님 지크프리트 리허르트와 에르나 리허르트(마트뮐러), 시부모님 호어스트 폴라이트와 아니타 폴라이트(펠틴스), 조부모님 헤르만 리허르트와 에르나 리허르트(바일퓌스), 아담 마트뮐러와 올가 마트뮐러(베르너)에게 감사드립니다.

감사하게도 제가 살아오면서 만난 분들에게 소중한 정보를 얻고, 같이 일하며 많은 것을 배웠습니다.

여기에 그런 분들이 있습니다. 베른하르트 아담스, 진크리스토프 아만, 쉰케 배스틀라인, 존 발데사리, 산드라 베키슈, 마이클 벡, 크리스토프 블랑크, 프리다 보어겔트, 홀리 보우든, 호어스트 브레데캄프, 이사벨 폰 브레도브클라우스, 라파엘 브룬크, 미켈라 데라, 하인리히 딜리, 페터 도이그, 프랑크 돌, 잉카 드뢰게뮐러, 에바 제피나, 우테 에겔링, 티에리 에르만, 제랄드 파스벤더와 엘렌 파스벤더, 말테 피셔, 자비나 플리리, 우타 그룬트, 지크프리트 구터만, 유제니 폰 하닐, 이리스 하슬러, 카차 힐데브란트, 막스 홀라인, 안드레아 폰 휠센에슈, 프리트헬름 휘테, 볼프강 켐프, 로베르트 케터러, 사무엘 켈러, 이사벨 키르슈너, 가브리엘레 클루게, 위르겐 클루게, 로만 크로이슬, 베른트 크라케, 알렉산더 라바크, 미카엘 레네르트, 프린츠 필리프 폰 운트 추 리히텐슈타인, 랄프 로호뮐러와 카트린 로호뮐러, 카롤리나 마에르텐스갈로,

에리히 마르크스, 장 밍게, 볼프강 문셰, 아르네 프라이헤어 폰 노이베크, 베른하르트 노이섀퍼, 브리타 올레니 폰 후센, 안데르스 페테르센, 에드가 쿠아트, 나탈리 라치빌, 슈테판 프린츠 폰 라티보르, 클라스 뢸, 율리케 로기스, 토마스 루프, 임케 잔데르, 암파로 사르드, 울리케 섀퍼, 안체 시플러, 자라 슈크, 카를 슈바이처, 빅토리아 폰 슈페호트, 페트라 슈피케르만, 데이브 스튜어트, 카타리나 슈투트노이섀퍼, 주자네 펠틴스, 볼프강 푈저, 데트마르 베스트호프, 위르겐 비너, 비트 위스.

이 책에 실린 이미지를 제공해주신 모든 아티스트와 귀중한 내용을 알려주신 모든 인터뷰이에게 감사드립니다.

투자를 넘어 일상에 가치를 더하는
아트 컬렉팅

초판 1쇄 발행 2023년 12월 20일

지은이 루트 폴라이트 리허르트
옮긴이 황건중
펴낸이 이혜경

펴낸곳 브레드&
출판등록 2014년 4월 7일 제300-2014-102호
주소 서울시 종로구 새문안로 92 광화문 오피시아 1717호
전화 (02) 735-9515
팩스 (02) 6499-9518
전자우편 nikebooks@naver.com
블로그 nikebooks.co.kr
페이스북 www.facebook.com/nikebooks
인스타그램 www.instagram.com/nike_books

한국어 출판권 © 니케북스 2023
브레드&은 니케북스의 경제·경영 브랜드입니다.

ISBN 979-11-89722-89-0 (03320)